晩年の親鸞聖人

――高齢者の生き方を学ぶ

宇野 弘之

国書刊行会

序に寄せて

人間の一生はかわいい乳児期に始まる。幼児期はほぼ七歳まで。児童期は六〜十二、三歳まで、いわゆる初等教育の年齢、学童期である。青年期、成人期、壮年期、老年期と、人生の旅路、ライフサイクルは進む。

青年期は子供と大人の中間に位置し、成長と移行の時期である。アイデンティティーや主体性の形成が行われる大切な時期で、自己探究のためのモラトリアムの期間、役割や洞察の猶予期間でもある。自己の存在証明の獲得が青年期の重要な課題であろう。

だれしもいつしか年齢を重ねて高齢者になるであろう。老人という暗いイメージを避けるため、代わって高齢者が用いられるようになった。

国連は、先進国では六十五歳以上を老年期（old age）、発展途上国では六十歳以上をもって高齢者とする。社会習慣上の区分では還暦（六十歳）や古希（七十歳）が高齢者にあたる。労働からの引退、親としての役割の終了、祖父母という役割の獲得などが老年期への移行のきっかけとなるであろう。在職者より退職者にみずからを老人とみなす者が多い。

老化に伴い日常生活に行動能力の衰退が見られ、孤独苦や認知症も見られる。人間とは何か、人生とは何か。これは哲学・宗教の中心問題として多くの人々の頭を悩ませてきた。

人間として生まれる機会はきわめて稀であり、人がこの世に生まれて生き続けられるのはたった五十年や百年のあいだのことである。その人間としての生は誠に受け難く、この世において仏法を聞くこと、巡り合うことも余程の縁がないとかなわない。私たちのこの身を今世にて度せずんば、さらにいずれの世にてこの身を度すことができるであろうか。このように受け難い人身を受けたからには、遠く宿縁を喜び仏法聴聞に精進し、聞法求道の真実一路の旅路につくことである。

仏教では生あるものを有情《うじょう》というが、情とは心の意味である。心、感情、意識を有するものを意味する。

人間として生存する限り避けられないものに生（生まれること）・老（老いること）・病（病むこと）・死（死ぬこと）がある。ゴータマ・ブッダは「人間は死すべきもの」であることを明らかにし、「一切の生きとし生けるものは死すべき存在である。死を終わりとするもの、死を超え得ないものである」と門弟に諭した。世に知られる死苦である。

東洋人は死生をとおして人生を積極的に生きる人生観をもつといわれる。私たちが知るいろは歌は、諸行無常を詩句として詠んだものであろう。

色は匂へど散りぬるを（諸行無常）
わが世たれぞ常ならむ（是生滅法）
有為の奥山けふ越えて（生滅滅己）
浅き夢みじ酔ひもせず（寂滅為楽）

いわゆる「雪山偈」である。仏教でさとす空観《くうがん》、五蘊皆空《ごうんかいくう》の存在論をあらわしているといえよう。人間としてこの世に生きられる時間には限りがある。

それでは私たちは人として、有限の人生を生きる意味はないのであろうか。多くの先人たちが人生の意味、人間の存在価値について悩み、そして叡智を語る。

オーストリアの精神医学者フランクル（Viktor Emil Frankl）は、ナチスのユダヤ人狩りにあい、家族ともども強制収容所に入れられ、そこで妻子を失う。自らはガス室を前に生きる意味を問い、「人のために生きる」ことがどんなに大切なことか、その尊さを限界状況のなかで発見し、『夜と霧』にてみずからの哲学を展開する。人のために生きることに生きる意義を見出している。

アメリカの精神分析家エリクソン（Erik Homburger Erikson）は、他者と違う「真の自分」「自分であること」「自己の主体性」をアイデンティティー（identity）とし、この確立が青年期の課題、特性であると提唱する。身体的には大人に成長したにもかかわらず、精神的、社会的には充分に成人の域に達せず、一定の猶予期間をおいて成長することに注目した。そしていつまでたってもモラトリアムから抜け出せない若者の増加を心配する。「これが私だ」というアイデンティティーを確立すべき時期であるのにその形成に失敗し、現代人は重篤な精神病理を現すにいたる。勤勉さを拡散し、注意集中困難か一面的な活動への自己破壊的没入、社会的に望ましいと期待されていない役割を取り入れてしまうという。

だれの人生にも夢があろう。酔生夢死の人生もあろうが、夢も希望もなく生物的に食べて寝るだけの人生には精神の充実性は見出せず、生きる喜びもないであろう。

誰の人生にも晩年がある。人生の夕暮れである。残された「生きられる時間」のなかで、やり残したことや終焉前にやるべきことに取り組む大切な日々であろう。

酔生夢死に人生の終わりを迎える人たちも少なからずいる。「老病死」（老い患い死を迎える）を説くブッダの格言を信知して積極的に生き、大器晩成を遂げた先人たちもまた多い。

鐘や鼎のような大きな器は早くはできない。人も大人物は才能の開花は遅いけれども徐々に大成するものである。

子供のころに聞かされた「兎と亀」のお話は皆によく知られている。

もしもし亀よ亀さんよ
世界のうちでお前ほど
歩みののろい者はない
どうしてそんなにのろいのか
何とおっしゃる兎さん
そんならお前とかけくらべ
向こうのお山のふもとまで
どちらが先にかけつくか

兎と亀はどちらが早くゴールに到着し競走を制したかはご存知のとおりである。油断して眠っていた兎、ゆっくりながらも不断の努力をし、一途にゴールを目指した亀は勝ちを制した。

兎型の人生観、亀型の生き方と、双方の人生観が存在する。

親鸞聖人は大器晩成型の生き方をなさった信念の人であった。生涯努力を怠らず、真実一路に生きた方、嘘偽りのない本当の人生を絶対の真理を探究し、信念を貫徹なさった方である。二十一世紀に生きる私たちから見ても魅力に満ち、現代に蘇る日本人として崇敬できる。

妻恵信尼公とともに六人または七人の子供を育て、孫にも恵まれた。晩年は恵信尼公は雪深き越後で暮らし、飢饉の襲う鎌倉時代、孫の命を必死に守り生きる。

親鸞聖人は末娘覚信尼と京の都で暮らす。その光景は『恵信尼文書』（覚信尼へのお手紙）が大正十年に発見されて明らかになった。聖人史実架空論を覆す、恵信尼公の手紙である。

詳細は拙著『恵信尼公の語る親鸞聖人』（国書刊行会）現代語訳をご一読いただきたい。

目次

序章　高齢社会をどう生きるか

人間は孤島で一人では暮らせない。生涯常に無病であるとは限らないのが人生であろう。順風満帆・無病息災で長生きできれば社会は関係ないように思えるけれども、人と人との結合である助け合いとしての社会の必要性は何人にとっても否めないであろう。

社会の「社」は土地の神を意味する。社会とは土地の神を祭るために一定の地域の人々が社場に会合することであった。人々の団結も生まれ、住む地域やふる里とともにある仲間が社会生活の根源にあった。ともに生きる社会は、望まれる共存の社会であり、支えあう社会であろう。

社会の主体は個人であり、生き甲斐や生きる喜びもその人個人の問題に違いない。毎日が日曜日の定年後、酔生夢死の老後もあろうが、一体私たちは高齢を迎えるとき、どのように生きたらよいのであろうか。先人たちはどのように生きたのであろうか。

不老長寿を希望しながらも人生五十年という天寿であった時代は、生きられる短い時間は今よりもなお一層明確に意識されて、人間としての生存の価値、生き甲斐が探究されたのかもしれない。

「老人」という言葉のもつ暗いイメージを避けるため「高齢者」と呼ばれるようになったが、六十五歳以上の高齢者世帯は単独世帯が多く、傷病者がいることも多い。勤労収入がなく、年金、配当金、家賃などを主な収入源とし、低所得世帯や被保護世帯も多い。単独世帯や夫婦のみの世帯が増加すれば、危機への対処能力が弱まり、経済面や身体介護の面で外部からの援助を必要とする状況が生じる。

一九七〇年代以降、老年人口比率が十二パーセントを超え、高齢化社会と呼ばれている。人口の高齢化がほぼ頂点に達し、それが持続する高齢社会（Aged Society）の訪れとされている。わが国の高齢化は、欧米諸国と比較すると急速に進行し、世界有数の高水準に到達している。高齢化が社会に与える影響は大きく、早急な対策が望まれている。

高齢化に加えて少子化が社会問題となっていることはご存知のとおりであろう。いわゆる少子高齢社会の進行である。

戦前から一貫して増え続けた人口が、戦後初めて出生数が死亡数を下回る「自然減」となったことに原因がある。少子化に歯止めがかからず、このまま進めば今より三十年後の人口は三〇パーセント以上減少し、高齢化率は五〇〜六〇パーセントとなると憂いている。元気な高齢者も多いが、人口減少と高齢化率の上昇は地域の活力衰退に繋がる。子育てしながらでも働きやすく、高齢者が安心安全に暮らせる地域社会づくりをどう進めるか。魅力ある住まいの創出や子育て支援策、雇用・就労の在り方など、官民がさまざまに絡む問題解決策が望まれているが、特効薬のないのが現状である。

生きにくい社会にあって、自分の居場所を探している老若男女も多い。昔も自殺者は存在したが、年間平均自殺者がここ十年は三万人以上で推移しており、他殺の約六百人、交通事故死の約五千人よりもはるかに多い、異常な社会である。

わが国の経済にとっては、三万人が亡くなると遺失利益が二兆円近くになるとの試算がある。サバイバーズ・ギルト（生き残ったことへの残罪感）など、遺族に及ぶ影響も考えると、失うものはそれ以上であろう。

これでは元気な社会には程遠い。問題を抱えている人がともに生きられる社会、弱者を見捨てず、支える社会が望まれている。

若い人はアイデンティティーの形成が望まれるが、高齢者は人生行路の夕暮れにあってどう生きるか。九十歳の長寿人生を、木が枯れるがごとき大往生を遂げた親鸞聖人に、生きる糧・智慧を学ぶのが本書の目的である。実は私自身も七十歳を迎え、夕暮れに生きる高齢者の一員である。

第一節　人生行路の諸段階

人の一生は誕生に始まり、乳幼児期、児童期、青年期、そして壮年期、老年期と人生行路は進む。発達段階に応じ課題があろう。

精神分析家エリクソン（Erik Homburger Erikson, 一九〇二〜九四）は、ライフサイクル論を確立し、人間は段階的に成長すると、人生行路を八段階に区分し、それぞれの段階の課題を分析、設定した。

乳児期、幼児期、学童前期、学童後期、思春期、青年期、壮年期、老年期の八段階である。

（一）乳児期（生後一年まで）

この時期において重要なのは信頼感である。信頼感のない人には抱っこされない。人見知りもする。幼児が信頼すべき母親の元、愛情豊かに育てられることが重要である。母と子の肌の触れ合いが大切な時期である。愛情の欠如は人生を曲がったものにする可能性がある。

（二）幼児期（満一～三歳まで）

幼児期は自立性の時期である。「三つ児の魂百まで」といわれるように大切な時期である。人間の記憶は、満三歳にまでさかのぼる。この三歳児の心こそ一生の人格的基礎をつくるという。

（三）学童前期（三～六歳）

普通の遊びに必要な身体的技能を学習する。友達と仲良くする。男子、女子として社会的役割を学び、読み書き計算（そろばん）の基礎的能力を発達させる。日常生活に必要な概念や良心、道徳性、価値判断の尺度を発達させる。一人きりで遊んだり、ごっこ遊びをしたり、自分だけの時間を欲しがる。学童前期は自発性の時期でもある。

（四）学童後期（六～十一歳）

子どもの活動が家庭から学校へ移る。学校教育では、知的な技能、必要な書物、訓練などを与える、いわゆる勤勉の段階である。遊び、スポーツ、友達、先生とのかかわりによって、創造性や社会性を身につける。全人格の成長のため、欠かすことのできない学習の時期である。

(五)思春期（十一〜十八歳）

思春期には、自分の身体の構造を理解し、体を有効に使うようになる。両親やほかの大人たちから情緒的に独立し、経済的な独立について自信を持つ。職業を選択し、結婚と家庭生活の準備をする。そして市民として必要な知識と態度を発達させる。人生の方向、生き方を模索する苦しい時期でもあり、人生観をもつことが何よりの課題となる。

思春期には、アイデンティティーの形成という課題がある。最も純粋に価値を追い求め、これにしたがって生きようとする。生きる価値、生存理由、存在理由を探求する大切な時期である。アイデンティティーは、「自分であること」「自己の存在証明」「真の自分」「主体性」「自己固有の生き方や価値観」「同一性」などと訳される。本当に自分の好きなこと、生涯をとおして一生取り組めるであろう課題を発見する時期でもある。自己のアイデンティティーの確立に失敗するとアイデンティティーの混乱に陥る。アイデンティティーの喪失（自己拡散）とノイローゼ、神経症、虚無感、価値の喪失、うつ病など、心の病とのむすびつきが課題となる。

(六)青年期（十八～二十五歳前後）

青年期は社会的成長のための猶予期間である。青年前期は、社会的猶予期間（モラトリアム）の延長が、青年後期は他人、特に異性との親密度を成就することが主要課題となる。真の友情もこの時期に生まれる。職業の選択、恋愛、配偶者の選択など、人生の本番への関所がずらりと並んでいる。生きる喜びの欠如を青年期の一つの危機として特別に扱うことが、精神医学の重要な視点である。

(七)壮年期（二十五～五十五歳ころまで）

三十歳代後半から四十歳初めは悩み多い時期である。無私の世話、ケアーこそ壮年期の徳、または力であり、生殖・出産もこの時期であろう。そろそろ老化も始まる。生理的には下降線をたどり始めている時期に、内面的には充実し始める。残されている自分の半生を、本当に自分のやりたいことに捧げようという方向転換が必要であろう。もう余計なことをしている暇がない。なるべく自分にとって本質的なことをやろう。より創造的な生き方、真に人間らしく生きていける時であり、経済的、社会的なゆとりができてくる時期でもある。生き甲斐の喪失は、心の病につながる。張り合いを感じ、真に生きている実感をもつことが大切であるといわれる。

（八）老年期（六十五歳～）

先進国では六十五歳以上、発展途上国では六十歳以上をもって老年期と見なしている。六十歳は本卦還り。六十歳で再び生まれたときの干支に還ることから還暦という。古希は七十歳の称である。労働からの引退、親の役割の終了、祖父母の役割となる（孫からおじいちゃん、おばあちゃんと呼ばれ、かわいい孫たちに恵まれる）。老いを自覚する。定年後の役割や生き甲斐の喪失、死の受容などもあろうが、老年期は社会からの離脱のみならず、社会への総合活動が優位を占めるようになる。人生九十年といわれる長寿社会の今日であるとはいえ、生命の終わりの段階にある高齢者であることに違いはない。家庭のなかでは毎日身を持て余す隠居となり、子供たちは巣立ち、社会的時間の枠が次第に外されていく。自己の経験の統合を保ちつつ、後の世代にこれを伝えようとする年代である。百歳以上の人が五万人という長寿社会の今、人生の老、病、死には、宗教的解決が必要となる。

壮・老年期は、人生の総決算の時期であり、壮年期は、社会的役割も安定し、人生に自信を示す、いわば人生の絶頂期である。

中年（四十歳前後）になると、身体機能の衰退や回復力の衰え、慢性的精神疲労などから疾病傾向は高まり、更年期障害が起きる。高血圧、心臓病、ガン、胃潰瘍、アルコール中毒などの慢性疾患にかかる者が増加し、家族のこと、経済的なことのみならず、健康上の悩みが必然的に生じてくる。老年期は、脳器質性の精神の病も増加する。

高齢者は、「死」という言葉をたえず自己の問題としてとらえ、不安を抱く。自然法爾（自然の道理）であるのに、現実的な事柄として自分の死について考えたくない、考えまいとしている人も多い。

高齢者の自殺には、うつ病と認知症初期のうつ状態が多い。うつ病と自殺はきわめて密接な関係にあり、うつ病の回復期や発病初期の比較的しっかりした時期に自殺が多い。自殺企画者の性格特性もある。徹底性、強い責任感、律儀、生真面目、凝り性、非融通性、職務上の過労・心労、強い道徳観念、嫁と姑の葛藤も高齢者の自殺に影響する。

希望をまったく失うことも人生にはあり、それが「絶望」である。自分の存在の意義を見失う激しい感情が人間心理にはある。生きる意味の発見ができたら、人生は何と幸せなことであろう。

卒寿とは、「卒」の通用異体字を「卆」と書き、九十と読ませるところから九十歳のことであり、九十歳の賀の祝いであろう。人生の卒業として業を終えることから、人生を卒業するということは「死する」こと、人生の旅立ちの準備を求められる年齢を意味している。人の一生はきわめて短く（人生僅か五十年）、七十歳まで長生きする人は昔から稀である（七十古来稀なり）といわれた。

「人生朝露《ちょうろ》の如し」。人がこの世で生きている一生は儚く脆いと人生の無常観が語られる。人生をいかに生きるか。多くの哲学者や宗教家は人生の有する意味の発見に努め、人生哲学、叡智を継承、展開した。

医学も発達し、二十一世紀の今日は人生九十歳代、特に女性の長寿生存者が多く、「おばさんの時代」ともいわれるほどである。百歳以上の高齢者が五万人を超え、本当に驚く長寿社会の訪れとなった。

高齢社会をどう生きるか。酔生夢死に人生を終焉する人が見られる長寿社会に、一体真実の信仰とは何か、親鸞聖人九十歳の生涯に人生訓を学び、生き方を考えてみよう。これが私たち浄土信仰に生きる者の課題、人生論の問題の所在と思えるのであるが、いかがであろうか。

第一章　仏教とは何か

第一節　医王ブッダの臨床の視座

青年時代のゴータマ・シッダッタが悩み、人生の課題とした宗教的哲学思惟は何であったであろうか。

ああ短いかな、人の生命よ、百歳に達せずして死す。たといこれ以上長く生きるともまた老衰のために死す。（Sutta-nipāta. 804）

それは人間存在にまとわりついて離れぬ「生老病死」の苦しみである。人間は老いそして病み、死ぬ。生存者である限り例外のない、諸人にとって平等なる真理、諸行無常、諸法無我という人生問題の根元的解明であった。

菩提樹（bodhi-druma, pippala）下の金剛座（vajra-āsana）にて悟りを開き、悟れる者として四《し》（聖《しょう》）諦《たい》・十二因縁を説いたブッダは、鹿野苑《ろくやおん》の最初の説法にて、五比丘に仏教の根本真理である四諦説を明らかにした。人生は「苦」である。生老病死は自己存在の根底にある。生存の苦は心の奥の「渇愛（taṇhā）」にある。満たされることがなく人間の不満を増殖してゆく欲望にある。

欲望には欲愛《よくあい》（kāma-taṇhā、情欲）、有愛《うあい》（bhava-taṇhā、生存の永続を願う欲望）、無有愛《むうあい》（vibhava-taṇhā、生存の断絶を望む欲望）の三種があり、「渇愛」は「不満性」であり、人間を不幸におとしいれる「無明（avidyā）」である。この渇愛という無明を根底として種々の煩悩が起こり、これが苦の原因であるとブッダは説いた。

〝煩悩具足の凡夫〟と親鸞聖人が自身の姿として人間観を告白したのは鎌倉時代のことである。

釈尊が宗教的テーマとしたものは一体何だったのであろうか。

人間存在にまとわりついて離れぬ「生老病死」の四苦、父母からいただいた五尺の形体。私たちは人間として、やがて老い、そして病み、死す。生存者として例外はあり得ず、諸行無常は諸人に平等なる真理である。その有限なる人生を無限たらしめる智慧とは何か。

現実の生活がいかに楽しくとも、その底には本質的矛盾があり、苦悩が横たわっている。ブッダはそれを洞察し「諸行無常」「諸法無我」を説いた。無常は生老病死で示され、無我は五蘊無我説として説かれた。

生老病死は何人も避けられぬことは明らかな事実であるが、直面するまでは人は他人事とし、主体的問題として深く考えぬ傾向にあろう。諸行無常としての存在が真実にあり、死すべき者としての絶対無の自覚に立ったとき、人生五十年、百年の生涯を終着駅にいたるまでどう過ごすべきか、どのように生きたらよいか。その最良の生き方、つまり人生の意味、生きる意義を考え、何をなすべきか。生き甲斐なしに生きていかれるとは考えられない。そこに人間としての霊性（霊的存在性）がある。

仏教者の基本は「生死をいかにして度脱すべきか」という生死一大事を克服することであり、諸行無常は人間存在の基本として理解されていた。人として生命を受けた者としての「有限性」の自覚があり、限られた人生行路をどのように生きるべきか、どのように死すべきかという宗教哲学的な課題が存在する。

有限の存在を無限たらしめる智慧があり、主体的生き方の探究があろう。無限希求の願い、その活動実践、形成が望まれよう。有限性の自覚は積極的な生き方や、それがために生きそれがためならば死することのできるイデーを与えるであろう。その存在論的価値観を源泉として、大乗仏教の社会的実践である利他行とその思想がある。その根元には人間の有限性を極めたところによる積極的きわまりない生き方の実践、生きる糧を与える摩訶不思議なエネルギーがあろう。日本仏教には、そのようなエネルギーが貫かれ流れている。いくつかの流れがあろうが、利他行（人への思いやり）がその原動力として存在するであろう。

鎌倉時代の祖師たちも生死の無常を如何にして度脱するかが、発心修行の宗教的課題（解決すべき重大事）であった。

私たちは複雑な人間社会に生きていて、ややもすれば日常生活のあわただしさのなかで自己を反省することすら忘れがちであろう。人間である以上、生きる証、生きることの意義、生き甲斐の探究こそが私たちにとって最も大切なことであるが、日常に埋没しがちである。

人生が生きるに値するか否かという問題は、我らの人生にとって重大な問題である。生きる意味の問いが人生の出発点に存在し、人間行動の最も基本的かつ重要なエネルギーとなる。何をなすべきかという問いは人間の生き方の根本に存在するであろう。生きる意味のない人生は無価値な人生であり、生きるに値しないともいえる。人生観にあって価値観は重要な問題であろう。

ゴータマ・シッダッタは菩提樹下で正覚を成就してブッダ（buddha、覚者）となられ、四十七日間の三昧を経過して梵天の勧請を受け、鹿野苑で以前の道友であった五比丘に対して初めて法輪を転じた。自らの証悟の内容たる縁起を甚深難解としてそれを説くことを躊躇した釈尊が、ベナレス郊外の鹿野苑で初めて法輪を転じた。その初転法輪は四聖諦の教法であったといわれている。

成道直後の四週間は、ブッダは結跏趺坐《けっかふざ》して三昧にあって解脱楽を自受用法楽《じじゅようほうらく》（自ら法の楽を享受）した。第五週に入ってその所証の法がはなはだ難解であって、説法の効果が認められないから、むしろ清閑処にあって自受用法楽するほかない。それを続けるべきとのブッダの意図であった。

梵天の説法勧請、そしてブッダに説法がなかったら、それは「自覚覚他《じかくかくた》、覚行窮満《かくぎょうぐうまん》」の仏とならず、一独覚たるに過ぎなかった。

ブッダの説法は、ブッダ自身にとって重要な意味を持っていると同時に、われわれにとっても重要な意味を持っているであろう。梵天勧請に浄土教の起源があろうが、初転法輪がなければ私たちが仏教に巡り合う機会もなく、永久に消えてしまったであろう。梵天勧請は仏教がその宗教性を全うし得るか否かを決する重大な事実となるが、甚深難解な覚証の境地がいかにして凡夫の世界に説示されるべきかと、ブッダの苦悩はそこにはあった。

ブッダの説法は対機説法といわれる。教えの受け手（機）に応じて、それぞれに相応しいきわめて巧みな説法をされたのである。

一、問答対話形式。

二、理解のために譬喩を多く用いた。

三、韻文偈頌も多く用いた。

四、言葉の助けを借りないで、ただ容貌だけで対者を威伏せしめた相好説法。

五、在家者（世間的な者）に対しては世間的な善行である福徳を説き、生天を勧めた。施論、戒論、生天論が在家者に対する説法であった。出家のサンガに対しては、欲は過患《かげん》なりと、これを知って厭離すべきことを強く説いた。

六、そこにはブッダの法に対する信念の深さがあった。

すなわち、この道は最勝無上の道である。この道に入るということは人間として最上の幸福であるという強い信念をもって伝道された。教えを受ける者の機（素質）に応じて教えを理解しやすいように説法をした。人を見て法を説く。病に応じて薬を与える（応病与薬）仏法であった。仏が人々の精神的素質にしたがって法を説くのを、医師が病に適応した薬を与えることに喩える。ブッダを医者の王と呼び、人間の種々の迷い、とりわけ貪り（飽きずに欲しがる）、怒りなどを病と称し、教えを受ける人間の素質、性向、要求に応じて個々別々に方便巧みに法を説くこと、それを応病与薬といった。いい換えれば、病床に臨む臨床仏教であった。

人間不在の机上論や伽藍仏教ではなく、そこには悩み苦しみ生きる人間が存在する。人間救済道としての大切な根本仏教の心であろう。

菩提樹下の成道において、ブッダは「縁起《えんぎ》の法（pratītyasamutpāda）」を語る。縁起とは因縁生起、他との関係が縁となって生起するというブッダの教えの基本である。存在するものはすべて「相依《そうえ》相関《そうかん》の関係」において成立しているという考え方である。

ブッダは、縁起観は一般の人々に分かりづらく、智慧のすぐれた者が自らの理解のために学ぶものであると、最初の説法において五人の比丘に「四諦《したい》説」を説いた。

四諦の諦はsatyaの訳であり、真理を意味する。四諦とは次の四つの真理を指す。

一、苦諦《くたい》……この世は苦であるという真理。

二、集諦《じったい》……苦の原因は世の無常と人間の執着にあるという真理。
三、滅諦《めったい》……無常の世を超え、執着を断つことが苦滅の悟りの世界であるという真理。
四、道諦《どうたい》……滅諦にいたるためには、八正道の正しい修行方法（実践方法）によるべきであるという真理である。

以上の四つの真理は、医王としてのブッダにより、人々の心の病気である苦しみ・悩みを癒すための原理として説かれたもので、ちょうど医者が心身の病気を治療する原理に類似している。


〈苦諦〉

治病原理……正しい診断・病状の把握をすること。

苦しみ悩んでいる人の苦悩の状態を正しく突き止めること。苦が苦として正しく突き止められることが大切であり、誤らない正しい見方をすることが要求される。

四苦は「生」「老」「病」「死」をとおして感じられる精神的な苦痛を意味する。

〈集諦〉

治病原理……その病気がいかなる原因から起こったかという病因を正しくつかむこと。

正しい病因がつきとめられなければ、正しい治療は行えない。

苦の原因理由を正しく見極めること。外的な条件によるか、心的な原因から来ているか、内外の両面に由来するか正しく突き止め、苦とその原因理由との因果関係を誤りなく見極めることが大切であろう。

四苦八苦などの精神的な苦悩は、主としていかなる原因理由から生ずるのか。それは三つの愛に由来する。

(一)欲愛《よくあい》……肉体的感覚的な愛欲(kāma)としての渇愛《かつあい》。愛欲はやがて悲哀や苦痛の糧となる。愛欲は本能的なものであり、種族保存や個人維持のためにはなくてはならない。渇愛(tṛṣṇā)は盲目にして自己中心的なものであるから、激しい愛欲は排除されるべきであり、自己中心を離れた愛へと浄化されねばならない。その時、愛情は慈悲の愛となる。

(二)有愛《うあい》……有とは、存在を意味する。幸福な永遠の存在を熱望することが有愛である。有に対する渇愛がある。現実は苦に満ちたもの。せめて来世は、天国に生まれて幸福な生活を送りたいと、現世を無価値なものとしていたずらに来世の幸福を夢想し熱望するであろう。

(三)無有愛《むうあい》……存在のまったくなくなった虚無に対する渇愛である。苦を脱するために、存在のまったくない虚無の状態が望ましいとする虚無主義であり、人生、世界の相を正しく見ぬものとして退けられる。われわれの理想を妨げる「煩悩」であり、無知盲目「無明」から発生したものである。無知盲目の誤った欲求が苦の原因である。

〈滅諦〉

治病原理……病人に対して最善の治療を施すこと。

苦が滅した理想の状態であり、それは苦と無苦を見極める標準となる。それに達した人でなければその実際の境地は分からない。煩悩をすべて残らず除き去った理想の状態である。体験によって自得さるべき性質のもので、理想意識が深まるにつれて、理想に反した現実の苦悩やその原因理由、「煩悩」「障碍《しょうげ》」など欠陥が次第に明瞭となり、その欠陥除去の意識や決意も起こるようになる。

〈道諦〉

治病原理……患者の心の病気に応じて最も適切な薬を与え、心病を治癒する（応病与薬）。

苦悩あるマイナスの心を苦悩なきプラスの理想へと一歩一歩向わせるための方法であり、苦の直接原因である集を除く八正道《はっしょうどう》の修行に苦悩解決のための直接・間接の方法がすべて用意されていて、心身ともに人格全体を向上させ、完全な人格者としてのブッダにいたらしめようとする。

八正道は最初、中道《ちゅうどう》として説かれた。官能の欲求のみを追求する極端な行為も、身を苦しめる苦行に専念するような極端な行為も、ともに人生の理想にいたり達することのできないものであり、正しい悟りへの方法としては、この二つの極端を離れた中道でなければならないと、正見《しょうけん》ないし正定《しょうじょう》の八正道が説かれた。

ブッダの応病与薬の治療法は、以上のように人々の精神的素質や要求に応じて、個々別々に病に適した薬を与え、現実そのもののなかから解決の道を見出そうとする。一切の形而上学的独断を排し、人間生活を秩序付けるダルマ（真理）を基にしてさまざまに教説する。

人間には我見《がけん》、自我がある。永遠に変わらない主体があると誤って考え、常一宰主の自我があるとそれに執着する。われわれの肉体、精神が諸条件の集まりにすぎないことを知らず、実体的な自我があると考え、わたくしを実在視する。そして自己の見解にとらわれて離れず、己を頼みとし、自己の意見に執着し、自己を中心とする考えに執着する。自己を貪り愛する。

実体としての自我があると思う妄想にさいなまれ真実が見えない。行為主体としての自己は仏教も積極的に承認するが、存在するものには実体（我）というものはない。色即是《しきそくぜ》空《くう》、空即是色《くうそくぜしき》で知られる、空（śūnya）の理法を見ることである。

そのような真実の智慧を般若（prajñā）という。真実を見る智慧の眼である。般若の眼により、自我そのものの虚妄性の根本は無智（無明）によることを悟るであろう（拙著『親鸞聖人の救済道――臨床の視座』国書刊行会、二〇一〇年、十七～二十四頁）。

さて仏教とは何か。医王ブッダの臨床の視座について語ったが、臨床とは病床に臨むこと、病人を実地に診察治療することであろう。仏教は超越的な人格神を外に求めるのではなく、誤りなく人間存在を観察しすべての苦悩の根源である無明を根底から絶滅する究極的な智慧を獲得しようとする。この智慧を正見・般若と呼ぶのであって、これを完成した人がブッダであろう。したがって仏教は智慧の宗教であり、般若によってのみ転迷開悟という仏教の目的が実現できると教える。

意識的なる人間生存は、識が種々に活動を起こすところから始まる。凡夫にあっては無明（仏教的真理への無自覚）を内なる相とし渇愛（求めて飽くなき我欲）を外なる相とする。我執の煩悩に染汚《ぜんま》されたる凡夫の妄識が種々に働くことを総称して人間生活と称し、人間生存が具体的に成り立つ。凡夫としての生活者の内面構造として根元的煩悩がある。「煩とは身を悩ます。悩とは心を悩ますなり」(『唯信鈔文意』)。煩擾悩乱である。心身を煩わし悩ます精神作用である。煩悩具足の凡夫としての私たちは、あらゆる煩悩を身に具《そな》えている。

凡庸で愚かなわれらは、四諦の道理を理解していない凡庸浅識の者、凡夫といわれ、貪・瞋・痴の三毒を根本とし「百八煩悩」「八万四千の煩悩」と種類の多い煩悩に繋縛《けばく》され、自由を失い我見に執着する。人間は、煩悩によって人生の自由を束縛されるのみならず、女性やお金のためさまざまな罪を犯すこともある。

今日、心を病む現代人が増加している。その原因の一つには煩悩があろう。心がふさぎ込み、心を暗く沈ませる心作用煩悩である惛沈《こんじん》がそうさせている。大煩悩、随煩悩である。私たちがめいる時、憂うつの根源には惛忱という煩悩が存在している。

惛忱は心の不活動性や不活発な気質、疲れて物憂くなり人を懶惰、怠慢ならしめるであろう。

無明を惛沈と相似て弁へ難し、無明は闇く迷へり、重く沈み溺れたるに非ず、惛沈は唯闇く迷へるに非ずして重く沈み溺れたるなり。(『唯識大意』)

現代社会に増加しつつある心の病であるうつ病には、悲哀感、焦燥感、絶望感などの一般的な抑うつ感情、集中困難、思考緩徐などの思考抑制が見られるであろう。二週間以上悲哀感情のみで自己非難の症状や思考行為の抑制などの精神運動面の症状、不安などが存在するとき、うつ病と診断される。かなり身近なものとなった。対症療法として抗うつ剤を主とした薬物療法が行われる。

躁うつ病は感情病といわれる。躁状態、うつ状態またはその混合状態をいう。感情の障害を基礎とする病的状態が、通常周期的に生ずる精神疾患である。それぞれの病態は躁病、うつ病といわれるが、それらが同一に出現する場合、躁うつ病の躁病相、うつ病相と呼ばれる。回復は可能である。

誘発因子は日常生活でのストレスが多い。うつ病は転居、新築、昇進、職場転換、小さな事故、重篤でない身体病、男女の性的役割の危機、疲労などがきっかけとして確かめられている。

今日では、心身におけるストレスがその病態生理の主要舞台である脳の感情中枢（間脳）に働き、症状を発現すると考えられている。喜びの喪失、希望喪失、悲哀などは体験的レベルである。

うつ病の各種モデルには、精神分析学派のもの、行動学派のいう役割身分の喪失、実存学派のいう実存の意味の喪失などがある。数週間から半年で治療するのが平均であるが、病気としては必ず治るものである。治療中は人生の重大な決断をせぬこと、自殺を行わないことを約束するなどの指示が必要であり、家族や職場からの協力を得ることも不可欠である。

うつ病の治療は昏迷（道理に暗く分別に迷う。精神運動の活動が停止し、じっと動かぬ状態）や妄想（根拠のない主観的な想像、病的原因によって起こり事実の経験や論理によって訂正されることのないもの、誇大妄想、被害妄想など）があり、病識を欠く場合もある。自殺の恐れがなければ大多数は外来で治療できるであろう（新福尚武編『精神医学大辞典』講談社、一九八四年）。

このように、心病む現代人と仏教の救済観は不二の関係にあり、仏教の叡智によって人々は救済されるであろう。

第二節　仏教入門の大切な心

人身受け難し

仏教では、人間として生まれる機会はきわめて稀であるという。人がこの世に生まれ生き続けるのは、ほぼ五十年の間のことである。下天のうちに比べれば夢まぼろしのごとしである。

今日は人生九十年時代の長寿大国となった。人生五十年の寿命から九十年の天寿、限りなく有り難い私たちの人生であろう。しかしその人生にも終着駅がある。人間は死すべき存在である。つまり人間の生きられる時間は限られていることに変わりはない。

「時間（time〔英〕、zeit〔独〕、tempsi〔仏〕）とは何か」を哲学的に考えることが出発点となろう。

カントは時間に空間とともに認識の形式という存在のカテゴリーを与えた。

ハイデッガーは時間とは何かという問いに、時間はすべての存在者の存在を支える現象学的な基本となると考えた。

キルケゴール、バルトらの終末論的時間論は、永遠性との関係で見逃すことはできないであろう。

サルトルは、根源的な時間性は対自の存在論的構造そのものにほかならないと「現象的存在論」を展開する。

仏教思想では、われわれの心身は五蘊《ごうん》よりなるもので、定まった本体がなく無我であるという「五蘊皆空《ごうんかいくう》」の哲学を説く。

われらの個人的存在は物質面（色）と精神面（受、想、行、識）からなる。色は色、形をもった物質的存在である。受は感受作用、感覚であり、想は心に浮かぶ像、表象作用である。行は意志、潜在的形式力であり、識は認識作用である。われわれの心身はこの五つの構成要素の集合にほかならず、したがって「独立の我」はない。「無常であるがゆえに無我である」（『雑阿含経』）と、われという観念、わがものという観念を排除した。

大乗仏教では無我と空観が関連し、ものに我（永遠不滅の本体、固定的実体）はないこと、つまり無自性空の意味を論じた。

大乗仏教の空観は、存在そのものにおいて空の理法を観ずるから体空観であるというが、一切の存在を空なりと見、わがものという見解のないことを語る。たんなる非存在や無ではない。存在するものに実体はない。自我の実在を認め、我および世界を構成するものの永久の恒在性を認める誤った見解を否定する。人間の自己の中に実体としての自我などない（人空、生空、我空）、存在するものはすべて因縁によって生じたものであるから実体としての自我はないとする（法空）。

そして空は「縁起していること」と説く。仏教の基本的教説としての縁起観である。Aに縁《よ》ってBが起こり、生ずる。すべての現象は、無数の原因（因）と条件（縁）が相互に関係しあって成立しており、独立自存のものではない。諸条件や原因がなくなれば結果（果）もおのずからなくなる。現象的存在は互いに縁起しているという事実のほかに固定的実体を認めない。

わかりやすくいうと「持ちつ持たれつ」の関係であろう。互いに引き合い押し合いすることによって成立している。共に生きるという共生《きょうせい》思想といえるだろう。「願共諸衆生往生安楽国」（願わくは諸の生きとし生けるものと共に安楽国〔苦しみのない世界〕に生まれん）という。『讃阿弥陀仏偈』（曇鸞）や『往生礼讃偈』（善導）に繰り返し説かれている共生《きょうせい》思想がすなわち縁起思想、縁起観といえるだろう。

第二章　若き日の親鸞聖人

第一節　若き日の人生の原体験

無常観

親鸞聖人の九十年にわたるそのご生涯は、本願寺第三代覚如の『御伝鈔《ごでんしょう》』『報恩講式《ほうおんこうしき》』（宗祖三十三回忌書之）などに見ることができる。一体、出家得度の動機は何であったのか、関心をそそる。

俗姓は後長岡の丞相内麿公の末孫、前皇太后宮の大進有範《ありのり》の息男なり。幼稚の古《いにしえ》、壮年の昔、耶嬢の家を出でて台嶺の窓に入りたまひしより已来《このかた》、慈鎮和尚を以て師範と為《し》て顕密両宗の教法を習学す。

と『報恩講式』に生い立ちが語られる。

藤原鎌足の十七世の子孫、藤原有範の子として承安三（一一七三）年四月一日に誕生、四歳の時に父を失い、八歳で母を亡くした。叔父《おじ》範綱に養育され仏教および儒学を学び、九歳で青蓮院《しょうれんいん》にて慈円《じえん》（一一五五〜一二二五）のもとで出家得度し、範宴《はんえん》を僧名とした。在家から仏門に入る出家得度をし、天台宗の僧侶の仲間入り、サンガの一員となった。

出家得度の戒師、慈円は十三歳で出家し、三十八歳で延暦寺座主となり（在任五年）、二度目は四十七歳（在任一年）、五十八歳で三度目の座主に晋山、さらに四度座主となり、四十九歳にて大僧正となった。天下泰平に努力した人である。

二歳で母と死別、十歳で父と別れた慈円である。親鸞聖人は九歳でよき師慈円のもと出家得度するが、これは「あすありと思う心のあだ桜」という歌で知られる両親との死別という無常観が根源にあろう。子供心ではあるが、父とだけではなく大切な母との死別という苛酷な悲しみが、出家を志す原本的な原因となっていよう。

『涅槃経』に説く雪山偈という詩句は「諸行無常」を語ることで知られる。

色は匂へど散りぬるを（諸行無常）
わが世たれぞ常ならむ（是生滅法）

有為の奥山けふ越えて（生滅滅已）
浅き夢みじ酔ひもせず（寂滅為楽）

もろもろの作られたものは無常であり、生じては滅びる性質のものである。それらの静まることが安楽である。

親鸞聖人は九歳で出家するまでに、あらゆるものに対する無常観を父母の死により身につけていた。

出家の戒師慈円も同じく無常観の想いを持ち、親鸞聖人の出家の心をよく理解して指導に当たったに違いない。よき導師（指導者）であった。

無常観に目醒めた親鸞聖人は、知識や教養のために仏教研鑽の道にいたったわけではなく、無常の人生を超越する叡智を求めて比叡山で二十年間修学に励んだ。

出離生死の道は金銀財宝を積んでも解決されない。「明信仏智」と『大無量寿経』が諭すが、「明らかに仏智の不思議を信じ、深く仏の救いをたのみ、さらに自己の往生を疑わない」道を求め修学の日々を送ったといえる。

仏智の不可思議な働きを疑い、如来のはからいの大きいことを悟らぬ「不了仏智」の人生、酔生夢死の人生航路を歩むことはできない。知らなければ知らないでよいような両親との死別を体験している親鸞聖人には、宗教的目醒めがあった。
それは避けて通れぬ実存的課題であった。この「生死出ずべき道」という宗教哲学的な課題は、親鸞聖人の人生最大の苦悩として解決すべきことであった。
慈円は仏教入門の第一歩として、釈尊の初期説法『華厳経』「浄土品」の三帰依文と礼讃文を僧侶の心得として教えたと思われる。

人身受け難し、今すでに受く。仏法聞き難し、今すでに聞く。この身今生に向って度せずんば、さらに何れの生においてかこの身を度せん。大衆もろともに至心に三宝に帰依したてまつるべし。

みずから仏に帰依したてまつる。まさに願わくは衆生とともに、大道を体解して無上意を発さん。

みずから法に帰依したてまつる。まさに願わくは衆生とともに、深く経蔵に入りて智慧海のごとくならん。

みずから僧に帰依したてまつる。まさに願わくは衆生とともに、大衆と統理して一切無礙ならん。

仏教入門の心である。

人身受け難し

人の身は誠に受け難い。インド古来の考え方に「輪廻《りんね》」という生存形式がある。人々は生まれ変わり死に変わりして車輪のめぐるようにとどまることなく生死を繰り返す。生ある者が生死を繰り返す流転輪廻《るてんりんね》をいう。

欲界・色界・無色界の三つの迷いの世界である三界は、欲求に明け暮れる現実の人間の相対的な営みの姿である。人々の意思に基づく生存行為（業）によって生死を繰り返す。欲の盛んな世界が人間の住む現実の世界である。

六道も罪業の結果として報われた生存状態である。『往生要集』（源信）にそのありさまが詳しく述べられている。

地獄道……無間、八熱、八寒、孤独などの地獄があり、筆舌に尽くせぬ苦しみを受けるところである。

餓鬼道……罪業の報いとして飢渇に苦しむ。福徳のない者が陥り、つねに飢え、渇きに悩まされて、たまたま食物を得ても、食べようとすると炎を発して食べることができない。

畜生道……性質が愚痴で、貪欲・婬欲だけを持ち、父母・兄弟の別なく害し合い、苦多く楽の少ない生き物の世界である。盗みをし負債を返さず殺生をしても平気であり、仏法を聞いて喜ばず、出家法を尊ばず、俗世間の快楽を求める者が生まれる世界である。無知、愚鈍で礼儀をわきまえない点を畜生と等しいと人々が蔑《さげす》むこともある。

修羅道……阿修羅の世界である。嫉妬心の強い生存の境地である。現世で戦争をした者、慢心、猜疑心の強い者がつねに戦闘を行う場所であろう。憍慢で執着の念も強い。教化を受けても悟ることができない。

人間道……人間世界である。人間の住む世界、苦楽半ばする生存の境地に暮らす人類のいる世界である。

天上界……天の世界、凡夫が生死往来する世界である。欲界（欲望の支配する世界）、色界（欲界の上にあり、欲を離れて男女の別なく光明を食とし、言語とする絶妙なる世界）、無色界（物質的なもの、形あるものは一切なく、心識のみある生き物、受・想・行・識の四蘊よりなる世界）よりなる。後世の大乗仏教の浄土の信仰は、この天の思想の発達した形であるといわれている。

この六つの生存形式（六道）は、迷いの世界である。迷いめぐった迷路の人生である。生き方に不退位の決意は見られない。

ブッダは迷いの眠りから目覚めた人である。永遠で無量の命を自分のものとして生きる人、目覚めた人と大乗仏教では呼んだ。煩悩の迷いを捨てて悟りの心を発願する転迷開悟が仏教の目的であるが、存在のありさまとその本質をありのままに知見して悟り、人格を完成する理想的な人間の道でもあろう。

聞思の道

三帰依文の「仏法聞き難し」という文言は、聞く耳を持つこと、聞思の道に極まるということであろう。自己主張を捨てて仏の教えを素直に聞く姿勢の大切さを教えている。

損得によって人は素直に聞くことができない。正法を聞くことは難しい。自己の見解に執《と》われて離れず、「自分が」という執着心を持つ。

そのような自分の殻のなかに生きる蝸牛《かたつむり》のような我見に終始するのではなく、聞く耳を持つことが大切であろう。

聞思修を三慧という。

一、経典の教えを聞いて生ずる聞慧
二、理を思惟して生ずる思慧
三、仏教の実践修行をして生ずる修慧
聞いて学ぶのである。聞法の法とは南無阿弥陀仏であり、阿弥陀仏の名号を聞いて忘れないこと（不忘、憶念）であろう。阿弥陀仏の智慧の威神力、光明救済を信ずる。誰にあっても最初は全体像が見えず、尾っぽ、胴体、耳を触って象と思い理解する。聞思することによって次第に全体像が見えてくる。仏教入門は聞思の姿勢、態度が必要である。我執で耳をふさぎ聞き入れない態度ではなく、明らかに仏智の不思議を信じ深く仏の救いを頼むこと（明信仏智）によって、ようやく自己の往生を疑わぬ仏教の智慧を獲得できるのである。

仏教の教えである無我は、我という執われを離れることである。有我我執の人生にあって無我空観の智慧を学び身につけると、真実ありのままの世界が見えてくる。

第二節　日本仏教救済史――差別社会からの人間解放

私たちの住む日本の文化には、古代、中世、近世、近代、現代に及ぶ仏教伝播の歴史がある。そこには先達たちの叡智伝播の努力の足跡が大きく残っている。

ブッダの悟りによりインドに誕生し北伝、南伝と弘まりを見せた仏教も、わが国が大陸より仏教を受け入れた当時は、仏教は外来の宗教として未知そのものであり理解されていない状況にあった。その仏教を受け入れるための蘇我・物部の戦い、またその後の聖徳太子の十七条の憲法や国教としての仏教導入にあって、人々に仏教の素晴らしさを信知してもらうため、信頼を得るに足りる実績作りに先人たちは努力に努力を重ね、社会貢献する仏教という史実を作り、人々から歓迎される状況となっていった。継続的で長きにわたる利他行が実践されて、日本は大乗仏教相応の地であるという信頼を人々から得て、支持拡大を勝ち取った勝者の歴史が存在している。

現代に生きる私たちには、先人の苦労や願いが忘れられているかのごとくである。飢饉の時代である古代、中世などにあって、仏教の慈善的な救済活動は、大勢の人々の命を救った。当時はお米を作る技術も充分でなく、食生活が充分でなかった。そのような時代における救済活動が評価されて信望を集めた。日本の仏教は、大乗仏教精神による救済活動という先人たちの歴史的偉業によって信頼が保たれてきたのである。ローマは一日にして成らず。この歴史の重みを忘れてはならないであろう。

親鸞聖人は、日本仏教救済史にあってどのような社会的貢献を果したのであろうか。念仏聖の親鸞聖人の衆生救済はどのような思想をもって行われたのであろうか。

女性は五障三従《ごしょうさんしょう》（梵天王、帝釈天、魔王、転法輪王、仏にはなれないという五つの障りと、幼い時は親に、結婚すれば夫に、年老いれば子にしたがう三つの従事）の身であるので成仏する器ではないといわれていた。女人往生の問題である。

旧仏教観では、女性は諸仏諸菩薩でも救えない者として差別された。女性は仏の救済の対象外であり、変成男子説では女性たる者は一度男に生まれ変わってからでなければ仏になれないとされている。

浄土三部経の『無量寿経』は、第三十五願で女人成仏の願いを説いている。

たとい我れ仏を得んに、十方無量不可思議の諸仏世界に、それ女人ありて、我が名字を聞きて歓喜信楽《かんぎしんぎょう》して、菩提心を発《おこ》して女身を厭悪《えんお》せん。寿終わりてのち、また女像とならば、正覚を取らじ。

法然上人は、女性の五障三従の苦を抜き、男になって成仏する楽を与えているのがこの第三十五の誓願であると解釈し、親鸞聖人も師の教えを継承して、

弥陀の名願によらざれば
百千万劫すぐれども
いつつのさわりはなれねば
女身をいかでか転ずべき（『高僧和讃』）

弥陀の大悲ふかければ
仏智の不思議をあらわして
変成男子の願をたて
女人成仏ちかいたり（『浄土和讃』）

と和讃を詠む。第三十五願の「変成男子」の教説を踏まえた和讃である。女性であること自体が罪障であるがゆえに、一度男に生まれ変わってからでなければ仏になれないという変成男子説は、女性差別の思想であるとする女性側からの主張や訴えが聞かれる。

そこで親鸞聖人の人間観を尋ねると「われらは罪悪深重の凡夫である」と語る。老若男女全ての人間は煩悩具足、罪悪生死の凡夫であるという人間観を告白する。つまり聖人君主としての人間観を語ってはいないのである。

親鸞聖人は、当時の政治体制の枠外にあって、卑賤視されていた殺生を生業とする人たち（猟師など）や、人間扱いされず人々からも仏法からも一顧だにされなかった人々の存在に注目し、救済されるべしと弥陀仏信仰を確立し、社会的差別から人間を解放する思想である悪人正機説を唱えている。

屠沽《とこ》の下類にこそ、親鸞聖人は最も力を入れて教えを説いた。屠は殺を宰《つかさ》どる。沽はすなわち売り買う醞売《うんばい》（商人）、これらの下類かくのごとき悪人もただ十念（念仏を十回称えること）によって往生を得る。

漁猟師やこれらの商人たちは不殺生を守れぬ悪人とされているが、これらの人たちこそが弥陀の誓願往生の正機である。内面的には煩悩具足の凡夫、煩悩無限の凡愚としての人間観。社会的に差別されていた人々の救済・解放、社会の最下層の人々の存在を見捨てず「善人なおもて往生をとぐ、いわんや悪人をや」と、悪人正機説、人間解放を論じたのである。

……猟師、商人、さまざまなものはみな石・瓦・礫のごとくなるわれらなり。（『唯信鈔文意』）

差別されている女性たちも屠沽の下類も、われら人間として煩悩具足の凡夫であり、救われざる者である。ただ阿弥陀如来という仏のみが諸仏に勝って社会的に差別されている人々を救済してくださる。弥陀仏の前においては、老若男女全ての生きとし生けるものは念仏一つで平等に救済される。社会的に差別されている人々こそ正客である。悪人であるにもかかわらず救ってくださるという逆説を宣言したのである。

よき師の教えを蒙りて、それまでの仏教の対象とされ得なかった人々を平等に往生させ解放するという念仏道は、平等な救済思想として、貪賤者、智慧高才の者より愚鈍下智の人々、多聞多見の者より少聞少見の人々、持戒持律の者より破戒無戒の人々の往生に視点を置き、ただ称名念仏の一行をもって本願とした。

いってみれば社会的弱者救済思想であり、弥陀の誓願の前では一切の枠を取り払ったのである。善悪の倫理的実存、救済道を明示したといえるだろう。

第一項　鎌倉新仏教

平安時代末期から鎌倉時代をとおして、日本の仏教界は大きく変化した。国家や貴族を守護することを主な任務にしていた仏教が、民衆の求めに応じてその「救済」に乗り出し、民衆とともに歩もうとする多くの僧侶が生まれた。

鎌倉時代には、法然（一一三三～一二一二）、親鸞（一一七三～一二六二）、道元（一二〇〇～五三）、日蓮（一二二二～八二）などによる仏教革新運動が盛んとなった。新しく台頭した武士階級や庶民の信仰上の求めに対応すべく、既成仏教から離れて新しい救いの道が説かれたのである。これが、いわゆる鎌倉新仏教であった。

旧仏教側でも新時代に相応しい仏教を探り始めた。貞慶《じょうけい》、叡尊《えいぞん》、忍性《にんしょう》、明恵《みょうえ》などの旧仏教の中の革新運動である。

貞慶（一一五五～一二一三）は、元久二（一二〇五）年に『興福寺奏状』を執筆し、法然を主とする専修念仏者を非難した法相宗中興の祖と称される。

叡尊（一二〇一～九〇）は律宗の復興者、真言律宗の開祖である。密教を学び、やがて戒律の必要性を強く認識し、荒廃していた奈良西大寺の復興に努めた。

古代の仏教では、修行生活の基本は戒律を厳しく守ることであった。平安後期以来、戒律は軽視される風潮となり、鎌倉時代に入ってその重要性が再認識されるにいたった。叡尊、忍性、円照《えんしょう》、俊芿《しゅんじょう》、湛海《たんかい》、覚盛《かくじょう》らがその中心となって活躍し、戒律を普及させた。

忍性（一二一七〜一三〇三）は真言律宗の僧侶である。二十四歳の時、叡尊にしたがって出家し、弘長元（一二六一）年から鎌倉に入り、北条時頼、長時などの保護を得て光泉寺、極楽寺を開いている。以後、戒律の普及や貧民を救済し、各地に悲田院《ひでんいん》、施薬院《せやくいん》を建てた。北山十八間戸《きたやまじゅうはちけんど》は、日本に現存する最古の救癩施設であり、忍性の創建ともいわれている。忍性は戒律の普及に尽力するとともに、慈善救済事業に勤しんだ僧侶として知られる。

円照（一二二一〜七七）も戒律の復興者である。建長三（一二五一）年からは東大寺戒壇院に住して戒律を広めた。凝然が編集した『円照上人行状』という伝記が残されている。

俊芿（一一六六〜一二二七）は、中国（宋）に渡り戒律を学び、十二年後に帰国して京都の建仁寺に住した。鎌倉幕府の御家人である宇都宮信房が、宋から帰国した俊芿を招き、泉涌寺《せんにゅうじ》を寄進し、天台、真言、禅、律などの四宗兼学の寺とした。

覚盛（一一九四〜一二四九）は律宗の僧侶である。興福寺で学び弁説の才に長けていたといわれる。西大寺の戒如にしたがって律を修め、各地に戒律を広めた。唐招提寺に住んで精進を重ね、唐招提寺は再び発展した。覚盛は鑑真の再来と称されるほどであった。

鎌倉時代、仏教界全体としては旧仏教が主導権を握っていた。その旧仏教にあって、社会的救済活動、慈善事業に傾注する僧侶が存在したことも大きな特色であった。僧侶としてのあるべき姿を守るため、戒律を強調する旧仏教である。

それに対して新仏教である浄土教は、易行道（易しい修行方法）、選択本願（阿弥陀仏の本願を選び取る）、専修念仏（念仏という行に専念する）が特徴である。ひたすら念仏を称え、心を込めて民衆のための易しい仏教の道を選んだといえる。

法然上人は阿弥陀仏を信じ、ひたすら念仏を称える専修念仏の道を人々教えた。法然上人のもとには、関白の九条兼実や武士の熊谷直実（蓮生房）、商人や農民などさまざまな人が集まった。

法然
- 信空　一遍（時宗）
- 証空（浄土宗西山派）
- 弁長（浄土宗鎮西派）
- 親鸞（浄土真宗の祖）

よき師との出会い

誰の人生にもよき師との出会いという決定的な啐啄同時《そったくどうじ》の瞬間があるものである。仏教語である啐啄同時の啐《そつ》は、鶏の卵が孵るとき殻のなかで雛がつつく音であり、啄《たく》は母鶏が殻をつつき割ることである。求道者の人生にあっては、機熟し、よき師に巡り合う邂逅の瞬間が、いっときに整う。果実が熟するがごとく師の教えに触れることによって、教えを聞く人の心の働き（精神）が激発されて活動するにいたる。縁に遇って働きを発する目醒めの瞬間があろう。

誰の心にもその可能性を秘めている。道を求める者と諭す者との関係である。よき師を仰ぐとき、その出会いがいっときに訪れる。本願力廻向であろうか。

親鸞聖人は、比叡山の常行堂では不断念仏僧として、九歳での出家以来黙々と修行を続け、二十九歳の建仁元（一二〇一）年、比叡山を離れ聖徳太子信仰の霊場六角堂に参籠した。六角堂における百箇日の参籠の結果、聖徳太子の夢告を得て、法然上人を尋ねその門に入り帰依した。一向専修の徒に転じ、自己のゆくべき道の決定を見た。師法然上人はそのとき六十九歳であった。

たとひ法然聖人にすかされまいらせて念仏して地獄におちたりとも、さらに後悔すべからず候う。（『歎異抄《たんにしょう》』）

親鸞聖人は、師法然上人との邂逅によって念仏道を信じ、浄土信仰に生きることとなる。法然上人（一一三三～一二一二）は、一一四七年に比叡山に登り、源光、皇円に師事して、五〇年に黒谷叡空の室に入り仏道を究める。そして一一七四年、善導の『観経疏《かんぎょうしょ》』により専修念仏に帰依し、吉水の地に移った。八六年に大原勝林院で南都北嶺の僧と聖浄二門の義を問答（大原問答）、九八年に九条兼実の要請で『選択本願念仏集《せんちゃくほんがんねんぶつしゅう》』を著している。

仏教は「ザ・修行」であるという旧仏教思想に対して、念仏では一念ないし十念にて老若男女が救われるという。充分な修行なしに諸人が救済されるという法然上人の専修念仏への比叡山からの非難に対し、一二〇四年『七カ条制誡』を起草し反論するが、翌年、旧仏教側の興福寺からの非難が直接の契機となり、一二〇七年に讃岐へ配流となる。罪解かれ帰洛したが、翌年八十歳にて往生の素懐を遂げる。著述として『往生要集釈』『三部経大意』『無量寿経釈』『選択本願念仏集』『一枚起請文』などがある。

私たちには、時を選ばず処を定めずして、つねに如来の救済の働き、すなわち利他教化の働き（本願力廻向）が向けられている。その意味では求道者の目醒めは、師匠から弟子に智慧として伝え弟子がこれを受け保つ、師資相承といえるであろう。

無師独悟は、師によらず独りで悟りを開くことである。師に巡り合わず、自分独自の方法で他の人の教えを聞かず、独力で悟りに向かう。師なくして悟るは独覚である。おのれ一人悟って良しとする孤高の聖者であり、自己の救済だけを考え、悟りを開いてもそれを人に説こうとせぬ。大乗の菩薩に対し小乗と賤称され、縁覚ともいう。他の衆生を教化しようとせず、己ひとり解脱しようと欲する。羅漢道である。

親鸞聖人は、二十年間の叡山の修行にて求めた永遠なる叡智はお山では得られず、法然上人との邂逅によって浄土願生の基本方向が決定された。建仁元年、二十九歳にして法然上人の門に投じて専修念仏に帰依し（「愚禿《ぐとく》釈の鸞、建仁辛酉《けんにんかのとのとり》の暦、雑行を棄てて本願に帰す」『教行信証文類六』）、法然上人の教えを「浄土真宗」と呼び、自らとしては宗派を唱道する意図を全く意識していなかったのである。

一三二一年ごろより、本願寺として大谷廟堂の寺院化を企て、本願寺中心の真宗教団の理念を示したのは親鸞聖人の曾孫《ひまご》・覚恵の長子、本願寺三世の覚如《かくにょ》（一二七〇〜一三五一）であった。法然門下として、聖光房弁長によって創られたる浄土宗鎮西派、善慧房証空を派祖とする浄土宗西山派や親鸞聖人を祖師とする浄土真宗など、独立的な一教団としての実態を形成するのは、法然上人直弟子の人々が亡くなってから百年も二百年も後のことである。

当初、北嶺の天台宗、南都の法相宗興福寺などの権力仏教よりの論難や迫害は激烈だった。法然上人晩年の建永二（一二〇七）年の迫害に引き続いて、上人滅後の『摧邪輪《ざいじゃりん》』などの論難（一二一二年）、嘉禄の法難（一二二七年）、天福の法難（一二三四年）、延応の法難（一二四〇年）など、大小の迫害は激しさを増した。国土を乱す。日本の神々を尊敬せざるもの（『興福寺奏状』）と、国家権力と手を結んで論難し、強力に迫害した。

親鸞聖人の著書『教行信証』には、「諸寺の釈門、教にくらくして真仮の門戸を知らず、洛都の儒林、行にまどいて、……主上臣下、法にそむき、義に違し」と、建永の迫害に言及して忿怒の言をその後序に語る。

親鸞聖人の思想は、法然上人の念仏の一行、すなわち専修の旗印が鮮明であるばかりでなく、徹底的に強力に展開したという特色を持つ。つまり聖道門という自力修行の仏教を捨てて、浄土門という他力念仏一行の仏教を立て、自力の発菩提心、持戒などの諸善行を廃して他力を信ずる称名専修を打ち立てたことにあった。

親鸞聖人においては、既成の権力からの弾圧があったとしても、既成の旧仏教（聖道仏教）に反対を貫く立場にあるものであったが、弁長や長西はそれに妥協的であった。

親鸞聖人の思想は、法然門下として聖覚《せいかく》（一一六七～一二三五）の『唯信鈔』や隆寛《りゅうかん》（一一四八～一二二七）の『一念多念分別事』を顧みるもので、西山義一の祖証空《しょうくう》（一一七七～一二四七）の『観経疏観門義』や一念義の派祖幸西《こうさい》（一一六三～一二四七）の『玄義分抄』とともに他力救済の専修念仏を強調するといえる。鎮西派の祖、弁長《べんちょう》（一一六二～一二三八）の『末代念仏授手印』や九品寺義の祖、長西《ちょうさい》（一一八四～一二六六）の『観経疏光明抄』に見られる信仰は、自力諸善行の実践価値をより多く認めようとする。

親鸞聖人の人間観は自己を内観し「煩悩具足の凡夫」のわれらであると冷徹に見つめる。

凡夫トイフハ、無明煩悩ワレラカミニミチ〳〵テ、欲モオホク、イカリ、ハラタチ、ソネミ、ネタムコ、ロオホクヒマナクシテ、臨終ノ一念ニイタルマデ、トゞマラズ、キエズ、タエズト、水火二河ノタトヘニアラハレタリ。（『一念証文』）

凡夫とは、愚かな一般の人たち、仏教の教えを知らぬありふれた人である。われらの存在の根底にある根本的な無知、最も根本的な煩悩の存在を指摘する。過去の世から無限に続いている無知迷妄のために、物事の真実を理解できない。煩悩を具足しており、もろもろの誤った見解に執着する無明の酒が人の本性を酔わせる。長い夜のごとく、人々は真理に暗く阿弥陀仏の本願を愚かにも疑う。不了仏智（仏智の不思議な働きを疑い如来のはからいの大きいことを悟らない）、誓願不思議を疑う無知に迷う愚かなわれらをいう。

欲望も多く、渇して水を欲しがるように五欲（五種の欲望）に愛着する。財・色・飲食・名誉・睡眠を求める欲望も満ちみちている。貪り（快適なものを貪る）、妄執（虚妄、迷いによる執着）多く、暇なく、煩悩が体内に満ちみちる。

「悲しきかな愚禿鸞、愛欲の大海に沈没し、名利の大山に迷惑して」（『教行信証』信巻末）と、出家し仏道を求め浄土往生を願う願生の人であっても、自己の名誉と利益を計る愚かぶりを内省している。死の瀬戸際まで煩悩の火は消えない。

法然上人は、愚痴十悪の法然房であると叡山修行で気づき、山を下り、聖道門を捨て権力より離れ善導一師による（偏依善導）と、よき師を仰いだ。

その法然上人の門下中にあって、絶対随順の人こそが親鸞聖人であった。

人間的な凡夫のはからいは、見当をつけ、手加減、斟酌するであろう。あれこれ照らし合わせて取捨、思量する。その自力の計らいを捨て、聖道的な自力仏教である自力実践を排除し、民俗信仰の卜占や現世祈禱、祭祀までも迷信邪儀なるものと排撃し大乗仏教原理を展開する。ここに親鸞聖人は諸人の救済道を宣言する。

われらは聖人君主にあらず、煩悩具足の凡夫であるわれらの救済道を明らかにする。

第二項　悪人正機のパラドックス

親鸞聖人は、悪人正機説を唱え、煩悩具足の凡夫こそが阿弥陀仏の救いの対象であると他力本願の信仰を語る。弥陀の本願は、まさしく悪人を目当てとして、これを救うために建てられたものであるという。

願をおこしたまふ本意、悪人成仏のためなれば、他力をたのみたてまつる悪人、もつとも往生の正因なり。（『歎異抄』）

この悪人正機の悪人とは、煩悩具足の凡夫のことである。一般に悪人とは、心の邪悪な人を意味する。破戒の徒を意味するとも受け止められる。

『歎異抄』第三章には、

善人なをもつて往生をとぐ。いはんや悪人をや。しかるを世のひとつねに　いはく、「悪人なを往生す。いかにいはんや善人をや」と。この条、一旦そのいはれあるに似たれども、本願他力の意趣にそむけり。

とある。

阿弥陀仏の本願は、悪人を救うことが目的であり、悪人こそ往生するにふさわしい機根であるという。

悪については、原始仏教から大乗仏教まで一貫して、人倫秩序の破壊と考えていた。道徳的な意味の悪である。よく知られる十悪業は、殺生《せっしょう》・偸盗《ちゅうとう》・邪婬《じゃいん》の三（身三、身の悪）、妄語《もうご》・両舌《りょうぜつ》・悪口《あっく》・綺語《きご》の四（口四、口の悪）、貪欲《とんよく》・瞋恚《しんに》・邪見《じゃけん》（または痴《ち》）の三（意三、意《こころ》の悪）を合わせて、作悪得悪（悪をなさば悪を得）として退け、十善の業道（世俗の人の守るべき十種の善い行い）が説かれる。

㈠不殺生……生きものを殺すなかれ

㈡不偸盗……盗むなかれ

㈢不邪婬……男女の道を乱すなかれ

㈣不妄語……偽りをいうなかれ

㈤不綺語……ふざけた言葉をいうなかれ

㈥不悪口……悪口をいうなかれ

㈦不両舌……仲たがいさせるようなこと（二枚舌）をいうなかれ

(八)不貪欲……貪るなかれ
(九)不瞋恚……怒るなかれ
(十)不邪見……人間生存の理法によこしまな見解を抱くなかれ

仏像、堂塔の造営、写経、僧に施す作善が大切であり、勧善懲悪《かんぜんちょうあく》（善事をすすめ悪事をこらしめる）という思想である。

善行を積むことは重要であるとしても、親鸞聖人は、善行を積むどころか造悪の日々を生きなければならぬ人間の本性を発見して、悪人正機説を唱えた。

仏教では悪業を不善の行為とする場合が多い。十善業道の一つ不殺生は、私たちに一つ一つの生きものの命の存在を認めさせる。不悪口、人の悪口を口にしてはいけない。壁に耳あり。中傷はすぐ本人に伝わり信頼を損ねる。不瞋恚（怒りの心をしずめ心に平安と寛容と愛情をたもつこと）、不邪見、よこしまな（正しくない）見解を抱くことはないか。

自力作善の人は仏の力を借りないで自分の力で悟りを開くことができると信知し、自分の修めた小善を廻向し善行を積む。自力修善の人生観である。

行いの善い人を尊敬することはよいとして、私たちは善行を希望するのであるが、人の短い一生にあってどれほどの善い行いができるであろうか。

煩悩不具足の善人としての生涯を過ごしたい。善事をすすめ悪をこらしめる勧善懲悪も理解できる。しかしながら、煩悩の火が燃え盛るようにはげしい（煩悩熾盛）凡夫である私たちは、あらゆる煩悩を身にそなえている。その煩悩をすべて滅し尽くすことができたら、どれほどよいことであろうか。

煩悩のため欲に目がくらみ、落とし穴に落ちる堕落もある。貪・瞋・痴などの煩悩の燃え盛る人間の浅ましい姿、煩悩が人の智慧を損い人生を狂わす。真理に無知な迷える凡夫が現存する。人間が生きるということは、煩悩の火が灯明の火のごとく燃え盛っているのである。残念ながら私たちは、万人が仰いで師匠とすべき、知徳がすぐれた聖人君主ではない。自らは、煩悩具足の凡夫である。冷徹な人間観というべきであろう。日常的常識論や論理では善人往生論が有力であろう。

ところが煩悩に悩み苦しむ凡夫こそが救いを受けるべき機根の人であるという悪人正機説は、パラドックス（paradox）であろう。正当な一般的に認められている結論とは反対であり、それまで受け入れられていた思考方法や理論の欠陥を暴露して、それらの反省を促す説である。

悪人にもかかわらず弥陀如来は照護したまう。この「にもかかわらず」という七文字が日常的常識論ではないパラドックスであろう。
ここに親鸞思想の特色、救われざる者が救われるおもいやりの哲学があろうといえよう。

第三項　仏教と神の観念　神祇不拝の信仰

天神地祇の天神とは天の神、地祇は地の神であり、国土を守る天地間のすべての神々である。仏教を神と人との結合交通と誤解し、どの神様もありがたいともろもろの神を信仰する人もよく目にする。それは、仏教の根本精神を歪曲することになる。

仏身論、浄土論、人間論、修道論において、ブッダの教えはキリスト教やイスラム教、ゾロアスター教などのほかの宗教とは全く性格を異にしている。

多くの宗教は人格神の信仰を基礎としているといえるだろう。キリスト教のカトリックとプロテスタントは教義上対立しているが、人類を罪人として神自らの前に立たせ、これに恩寵を与える正義の神エホバの実在を信ずる点では一致している。エホバの神はもともとイスラエル民族の神であったから、ユダヤ教もキリスト教も同一の人格神に立っている。イスラム教も世界と人類を超越する人格神的な唯一神アラー信仰を中心とし、またゾロアスター教のアフラ・マズダも人格神である。これらの宗教には「神と人との結合、交通」という宗教定義が適切であるかもしれない。

儒教や道教にも中国思想の祖先や山川の崇拝というような多神論的な思想が見られ、崇拝の対象となるものは一種の神秘的な力、儒教の天や道家の道のように、宇宙全体を支配する見えざる秩序や宇宙の根源などが信仰の対象となっている。すなわち非人格的な信仰対象であり人格的な神ではない。

ブッダは、正統バラモン思想の根幹たる自在神の信仰に批判的な立場をとっている。仏教の根本精神は有神論ではなく、縁起観、無我説であり、有我論的思想、すなわち有神論は根本的に相容れない姿勢である。

ブッダの縁起観、無我の立場は、宇宙我、個人我の実在信仰そのものが無明《むみょう》（真理に対する無知）から生起したものとし、超越的な人格神の実在を説いてはいないのである。すべてのものが実体性をもたぬことに覚醒する智慧（正見《しょうけん》・無漏智《むろち》・般若）を育成するのが最高目的である。ブッダは、自らの憂悲苦悩の根本原因を自己自身の内側に向けて追究し、「無明」がすべての苦悩を生起する根本原因であることを覚証した。

超越的人格神や死後存続する霊の信仰、そして形而上学的な問題は有害な戯論《けろん》であるとブッダは考え、根本的な中心教義は人間存在を誤りなくありのままに観察し、無我の真理を証悟することであるとした。

わが国の鎌倉時代の親鸞聖人の仏教、その修道の本義を「信心為本《しんじんいほん》」とする立場も、智慧の宗教という仏教の伝統を基盤としている。大悲広慧の力、信仰は明信仏智《みょうしんぶっち》によると語る。宇宙創造神や最後の審判を行う人格神への信仰ではなく、仏の智慧への信心のみが浄土往生の道であり、涅槃を証する唯一の道である。阿弥陀仏の本願という光明の智慧によって無明長夜の業障の闇を破り真理を表すという仏教の伝統としての信知による教えである。法蔵菩薩の本願成就によって、人々が本願のいわれを信じて往生成仏する智慧の信仰であるといえる。

西欧の多くの宗教が超越神による有の宗教と呼ばれるとするならば、東洋文化は無の智慧（無我、空観）の宗教、すなわち戒定慧《かいじょうえ》の三学を包容する智慧を聞思する信仰であるといえる。

私たち日本人の生活のなかには、昔から仏壇とともに神棚がよく見られる。若い人たちの新しい住宅には神仏の安置は見られないが、北陸や信仰深い地域の家庭では、祖父の代より伝来の仏間には立派な祖先を大切にする金仏壇を安置し、感謝報恩の念仏を称え、朝夕にはお経の声も聞こえる。仏教の寛大な精神によって、神様と仏様をともに大切にしている神仏習合も一般家庭には見られる。

神の信仰と仏教信仰とを折衷して融合調和するわが国固有の神仏混淆《こんこう》は、奈良時代に始まり、神宮寺を代表とする本地垂迹説《ほんじすいじゃくせつ》として知られている。本地垂迹説は、本地の仏が衆生を済度するために、迹《あと》を垂《た》れてわが国の神祇となって現れるとする神仏同体説である。熊野権現の本地仏は、阿弥陀如来である。本地は本来の姿、ものの本源を意味する。この神仏同体説は、奈良・平安初期に始まり明治の神仏分離により衰えた。よく知られる神仏分離である。

明治初年（一八六八）、維新政府が祭政一致の方針に基づき神仏習合を廃止した。よく知られる廃仏毀釈である。神仏分離令が出されたことで、神社と仏寺とのあいだに争いが起き、寺院、仏具、経文などの破壊運動が起きた。廃仏毀釈は仏教を廃止する運動であった。江戸時代に、国学者や儒者の一部が仏教を批判し、特に国学者、平田派の思想が維新政府に影響して、仏教を排除し神道の国教化をはかる政策がたてられた。明治二（一八六九）年三月、神祇官を再興し、神仏判然令が出された。神僧の復職、神社からの仏像・仏具の破毀が全国に拡がり、寺院や仏像仏具の破毀から経文の焼却に移行していった。

この排仏論は、仏教伝来以来、奉仏派蘇我と排仏派物部との戦いにより奉仏派が勝利し、聖徳太子が仏教を崇敬して国教とし、十七条の憲法を制定した史実の打消し思想であった。この排仏思想は各時代に見られるが、江戸時代のものが最も顕著である。後期平田国学が独自の幽冥観を提唱し、仏教の出世間そのものが批判され、仏教全廃論が主張されるようになる。近代農民の精神的教義であった念仏の教義は、平田国学によってもっとも排撃され、廃仏毀釈は平田系国学者によって断行された。

幕末に寺院整理を実施した水戸藩や、維新の際に寺院の廃合を命じた佐渡、富山、信濃、松本、美濃苗木、隠岐、土佐、九州平戸などの諸藩では、真宗にとって深刻な事態を迎えた。

富山藩では、藩（今日の県）に一派一寺の廃合令が出された。一村一寺という寺の多い地域であるため、県内一カ寺への統廃合は実質上不可能であった。末寺本山は、政府に嘆願して緩和を求めた。

越前（福井県）の大野、今立、坂井の三郡や三河（愛知県）の大浜では護法一揆が起きた。明治六（一八七三）年、福井県の大野、今立、坂井の三郡でおきた大野今立坂井三郡一揆では約一万人が蜂起した。今立の唯宝寺良厳が還俗して教部省出仕となり石丸八郎と名乗って廃合寺を主張したことが契機となり、キリスト教反対、洋学廃止、地券反対をかかげ商社、豪農、戸長、区の者を襲撃した。名古屋鎮台が鎮圧し、中心人物の大野郡専福寺顕順および檀家の竹尾五右衛門等五名が斬首となり、そのほか多くの御門徒が幽閉された。

三河の大浜騒動は明治四（一八七一）年に起きた。この地域は今日も岡崎別院、名古屋両別院があり、約千五百カ寺を包括している。蓮如の門弟たちが建立した、伝統的な本願寺院が多い由緒ある地域である。上総菊間藩から三河大浜支庁へ赴任した少参事服部純の藩政改革のうち、廃合寺・天拝日拝の強制などの排仏的政策に対し、三河護法会の指導者、専修坊法沢、蓮台寺の台嶺らが中心となって反対運動を起こした。三月八日、連判血誓した僧侶たちが、大浜に向かって請願に出発、服部の村法改正などに反発していた門徒農民がこれに同調合流し、一揆となった。藩兵に鎮圧され台嶺が斬罪となったほか、僧侶三十一人門徒九名が有罪となった。東本願寺では闡彰院東瀛・威徳院義導を使僧として派遣し、事後処理に当たった。

三河の一向一揆には、永禄六（一五六三）年に松平家康の鎖国経営強化に対して蜂起した一向一揆もあった。有力な国人・地侍の門徒を有する三河教団は、家臣団にくり入れ統制を強化しようとした家康と対立し、上宮寺への検断をきっかけに蜂起して岡崎の城を攻めた。翌年和睦となったが、寺院は破却され僧侶は追放となり、天正十一（一五八三）年まで親鸞教徒の真宗が禁止されたという歴史が残っている。

人には譲ることができぬ大切な魂、心がある。

廃仏毀釈に同調した情のない僧侶もいるが、信仰なきこれらの僧侶は今日とて問題外である。多くの法城を護る人々によって、大切な心は以心伝心、継承されて今日にいたっている。

さて、わが国で最も大衆的な浄土仏教である法然親鸞の信仰は何であったか。

本尊は阿弥陀仏であり、西方極楽世界の教主である弥陀一仏信仰、もっぱら阿弥陀仏の名を称える専修念仏である。

余善、他仏に移る心なきをいう。専心とは二心のない専修専念である。余行を混じえぬ一仏信仰であり、それはいってみれば神仏余神を信仰せぬ神祇不拝・阿弥陀一仏の信仰である。

阿弥陀仏の四十八願のなかで最も主要な願いである第十八願は王本願ともいわれ、「なむあみだぶつ」は諸仏の王さまである阿弥陀如来に手を合わせるのであるから、その祈りは諸神・諸菩薩にもつうずるという。だから弥陀一仏信仰でよいわけで、神祇不拝、もろもろの神を信仰する必要はないと考える庶民信仰である。

親鸞聖人の仏教は、神祇不拝の弥陀一仏信仰であった。この信仰の姿勢が今日も意外と知られていないのである。

第三章　親鸞聖人の思想構造

第一節　よき師の仰せを蒙りて

第一項　法然浄土教の真髄

法然上人も親鸞聖人もともに天台の比叡山延暦寺で長きにわたって修学した求道者である。

親鸞聖人は一二〇一年、六角堂に参籠し聖徳太子の示現の文を感得し、吉水にて法然上人と出会い、専修念仏本願に帰依している。

叡山は、天台・密教・禅・浄土の総合仏教学園である。天台の円融相即の教学思想や、朝には天台の根本聖典である『法華経』を読誦し、夕の勤めは浄土教の『阿弥陀経』を誦し念仏する「朝題目、夕念仏」の風潮もあった。しかし、真摯なる求道者にとって、比叡山の二十年間の求道生活では人生の宗教的課題、生死度脱の道に解決を与える悟りの叡智が得られないというのが、当時のお山の状況であった。

当時の比叡山延暦寺は、とくに平安末期はそうであったが、最澄（七六七〜八二二。天台宗の開祖）が世俗の栄達、政権との結びつきを一切断ち切って籠山修学の規制を厳しく定めたのと違い、藤原貴族一門が続々山に登り出家して僧位学階の栄達の座を求め、天台座主の地位も貴族でなければ望むことはかなわなかった。学徳実力だけでは、美作の没落豪族の子、法然がつける地位はなかった。

仏教の学林比叡山では、各地から集まった学僧たちが学問才智を誇示しあって高い僧位僧職を得ようと、互いに角つきあわせて競争していた。

僧の利権名誉の競争の場と化し、名利を求め、また僧兵が武力に物をいわせて京に出て朝廷や大臣を脅かして利益をむさぼり、三井寺と闘争を繰り返し、僧形のならず者がはびこり、お山は戦闘殺傷の場となっていた。求道一途に精進する道場、出家求道の場ではなかったのである。

このようなお山の状況を歎き、僧位僧官、学階も持たぬ黒衣を着て生涯無位無官の僧として修行する聖に身をやつし、黒谷に遁世し静かに仏法を修学せんと、若き親鸞聖人は無常なる限りある命を歎き「生死を離るべき道」を真剣に思索する。

比叡山の学僧たちのあいだにある仏教は、天台の本覚思想など優れた究極の仏教哲学は存在するものの、必ずしも真の仏教ではない。なぜならば煩瑣《はんさ》哲学（スコラ哲学）の様相をもつ仏教であり、衆生の救いを忘れている。今この社会のすべての人々に救いの手をさしのべるべき真の仏教はそこには影も形もなく、教学の理解が深遠であるばかりで、悩める衆生の救済とは無縁の状況にある。それは本来の仏教の姿、真意ではない。

いかにその道の学匠から称揚せられようとも、傍《かたわ》らの仏教ではないか。求道者親鸞はそのような心境であったに違いない。

己の能力を思量してみると、戒・定・慧の三学にたえられる器の人間ではない。旧来の仏教の学・行では、われらごときの身の者はとても救われぬ。

今はどのような時か。釈尊が予言・警告しておられた末法の時が到来している。世は罪悪に濁る五濁悪世である。

㈠劫濁《こうじょく》……時代の濁り、戦争や疫病や飢饉などが多い。

㈡見濁《けんじょく》……思想も乱れ、よこしまな思想がはびこっている。

㈢煩悩濁《ぼんのうじょく》……煩悩がはびこり、貪り（欲深く物を際限なく欲しがる）、怒り（腹立ち）、迷い（痴、妄執。ものごとの整理がつかなくなる。検討を誤ってまごつく。心がぐらつき途方に暮れる。誘惑されて心が溺れる。）などの煩悩の燃え盛る人間の浅ましい姿、悪徳（道義に背いた不正な行為）がはびこっている。

㈣衆生濁《しゅじょうじょく》……人間の資質が低下し堕落。心が鈍く、悪業の果報を恐れず苦しみの多くなった姿にある。

㈤命濁《みょうじょく》……若死にする人も多い。けがれに満ちた悪しき世である。

人も濁り、僧はあれども形と名のみで戒律を守らず修行の能力もなく、また努力もせず、仏教は残存しているが、それを実践し証得する人はいない。

末法の世に生まれ、末法到来の世に人々は生活している。

法然上人も一大決心にて経蔵に閉じ籠り、「われ聖教を見ざる日なし。木曾の冠者《かじゃ》（義仲）、花洛（京都）に乱入の時（一一八三年、法然五十一歳）、たゞ一日、聖教を見ざりき。」（『四十八巻伝』）と救いの道を尋ね求める。

中国の道綽《どうしゃく》（五六二〜六四五）や善導《ぜんどう》（六一三〜八一）の浄土教は『観無量寿経』を中心と

した浄土教であった。

善導に導かれて「偏《ひと》えに善導一師に依る」（『選択集』十六）と告白する法然上人は、善導の著作中『般舟讃』以外はすべて読了し、「善導に遇わざれば決智生じ難し」（『阿弥陀経釈』）と偏依《へんね》善導による廻心《えしん》を語る。

回心とは、自らを懺悔して信仰を改めることである。一般的には、世俗的な欲望追求にのみ走りがちでよこしまな方向にある心を改めて宗教の世界に心をめぐらせ、仏道に帰依し、敬虔《けいけん》な仏教者になることを意味している。

浄土教では、自力の心を捨てて念仏の教えを信ずること、本願他力を信ずることである。今まで雑行雑善（念仏以外の諸行を修めること）に思いをかけた者が心を改め、廻心懺悔して阿弥陀仏を仰ぎ信ずることである。

法然上人『和語灯録』は、善導の遺教の魂、弥陀の弘誓を語る。

善導和尚の『観経疏』にいうことには、「一心にもっぱら弥陀の名号を念じ、行住坐臥に時節の久近を問わず、念々に捨てざるはこれを正定の業と名づく。かの仏の願に順ずるがゆえに」という文を見ることができたのち、われらのような無智な身の者は、ひとえにこの文を仰ぎ尊び、もっぱらこの道理を信頼して、一念一念にも捨ておくことのない念仏を称えて、阿弥陀仏の浄土である極楽世界に往き生まれることが決定の原因となっている行為にそなえるべきである。ただ善導和尚の遺された教えを信ずるだけではない。また、厚く阿弥陀の弘い誓願に順じ、「かの仏の願に順ずるがゆえに」の文を深く魂に感じ、心にとどめるのである。（傍点筆者）

感激した法然上人は、いよいよ善導一師に傾倒し、善導の著書を指南として浄土三部経を繰り返し読み、念仏宗宣言を心に決する。

人生にはよき師との出会いがある。師恩の存在である。

親鸞聖人は『教行信証』の後序、化身土巻に「然るに愚禿釈《ぐとくしゃく》の鸞《らん》、建仁辛酉《かのとのとり》の暦、雑行をすてて本願に帰《き》す」と自筆にて告白している。

「生死いずべき道」を求め比叡山を下りた親鸞聖人は、六角堂に百日籠り九十五日の暁、師・法然上人との出会いによって選択本願念仏の教えに巡り合い帰依することができた。建仁辛酉とは建仁元（一二〇一）年であり、親鸞聖人二十九歳のときであった。

『恵信尼文書』第三通には、

殿（親鸞聖人）は比叡の山で堂僧を勤めておられましたが、山を出て、六角堂に百日お籠りになって後世のことをお祈り申されました。九十五日目の明け方、救世観音菩薩が姿を現されてお授けくださったお言葉です。ご覧になっていただこうと書き記してさしあげます。

と、恵信尼公は末娘覚信尼に手紙の返事を書いている。

「たまたま行信を獲ば遠く宿縁を慶べ」。よきひと、法然上人と巡り合い、親鸞聖人のその帰依の宗教的信念、姿勢は堅固であった。

親鸞聖人が吉水を訪ねた情景について

恵信尼の書状「御消息」には詳しく述べられている。

法然上人にお遇いになって、それからあたかもまた六角堂に百日のあいだお籠りになったかのように、ふたたび百日の間、降るときも、照るときも、どんなに大変な支障があるときも、法然上人のもとへお訪ねしていましたから、上人がただ後世の助かることは、善人であろうと悪人であろうと差別なく、同じように生死の迷いを出ることのできる道を、ただ一筋にお説きになったのを承り、これこそと心に決めてしまいましたので、「上人のおいでになるようなところには、人がどのように申しても、たとえ悪道に堕ちてゆかれるに違いない、と申しても、お伴をしよう。これまで世々生々迷っていたからこそ、こうして生きてきたのだろう、と思っているこの身でありますから」と、さまざまに人が申しましたときも、殿はおっしゃったのです。

これによって、六角堂にて百日参籠の志願をたて、上人の許に通いつめて聞思の道を究め、たとえ悪道に堕ちるとも、上人の仰せを蒙って念仏するという決断に達したことが了《りょう》解《げ》できる。

親鸞聖人が法然上人を師と仰ぎ、直接教えを受けて仕えた期間は、比叡山を下りた一二〇一年から越後へ配流されるまでのおおよそ六年であった。

しかしながら、法然上人によって受けた影響には絶大なものがあった。師、法然上人の主著『選択集』の書写が許されるまでに信頼厚き弟子となった。そのとき法然上人はすでに七十歳に近かったが、よき師との遭遇の喜びは晩年にいたってもつい先ごろのごとく心に深く銘記され、師に対する崇敬の思いは年老いてますます高まったようである。

法然上人の念仏道を知る最も重要な鍵（智慧）は『選択本願念仏集』であり、法然上人が了解した念仏信仰の真髄を余すところなく語っている。

親鸞聖人は「正信念仏偈」に「本師源空明仏教……選択本願弘悪世」（本師源空は仏教を明らかにし、選択本願の念仏を悪世に弘め、民衆に手渡した）と明示し、専修念仏は『選択本願念仏集』によってその骨髄は極まると語る。
親鸞聖人は『教行信証』後序に記しているように、師の主著である『選択集』の書写と師の真影の図画とを許され、法然上人を師と仰ぐことによって「雑行を捨てて本願に帰す」ことができ、念仏の信仰に導かれた。

師と仰ぎ同じ信仰に生きながら、宗教経験も手伝って、親鸞聖人は師の教えを究め自らの新しい宗教的境地が開かれた。

『選択集』と『教行信証』について

「教行証文類」は、親鸞聖人の宗教哲学書である。この書の制作の動機は「師教（法然上人の教え）の恩厚、仏恩の深重に報ずる、答えるため」であるという。

親鸞聖人著『顕浄土真実教行証文類』を『教行信証』と呼ぶようになったのは親鸞聖人の曾孫《ひまご》、覚如《かくにょ》（一二七〇～一三五一）、本願寺三世のころからである。この書の最後の部分「化身土巻」には、親鸞聖人の仏恩の深き宗教体験、法然上人の恩厚を仰ぎ信順する宗教的実存廻入の尊き告白が見られる。

ところで、愚かで頭を剃っているだけの釈親鸞は、建仁元年、二十九歳で自力の雑行を修める心を棄てて他力本願に帰依した。元久二年の三十三歳のとき、源空聖人から『選択集』の書写を恩情をもって許された。同年の夏七月十四日に『選択本願念仏集』の内題の字ならびに「南無阿弥陀仏、往生之業、念仏為本」と「釈綽空」の字とを御手ずから御染筆遊ばされたのである。同じ日、法然上人の真影を図画するご縁をいただいた。同二年閏七月下旬、真影の銘に上人の真筆をもって「南無阿弥陀仏」と「若我成仏十方衆生、称我名号下至十声、若不生者不取正覚、彼仏今現在成仏、当知本誓重願不虚、衆生称念必得往生」の真文を法然上人はお書きになった。また夢のお告げにより綽空の字を改めて、同じ日お筆にて名の字を法然上人は書き終えたのである。

源空聖人は今年（元久二年）七十三歳である。『選択本願念仏集』は関白兼実のご教命を受けて撰述遊ばされたご著作である。浄土真宗の要点、他力念仏の奥義はこのなかにある。見る者が悟りやすい聖教である。誠にこの『念仏集』は世にも稀で最もすぐれた華やかな文章であり、これ以上のものはない最高のきわめて奥深い宝典である。日月の経過とともに、その教え諭しを蒙る者は数えきれぬ程多いといえども、関係が親しかろうが疎遠であろうが、この聖教を見たり写したりできる同輩はほとんどいない。そうであるのにすでに『選択集』を書写し、法然上人の真影を図画するご縁をいただいた。これはわき目をふらずもっぱら阿弥陀仏の名号を称えるという正しい行いの徳、これ決定往生のきざしである。それゆえに悲喜の涙をおさえて由来の縁をしるす。

本当に喜ばしいことである。心を弘く一切衆生を済度して仏果を得させようとする仏・菩薩の広大な誓願の仏地にたて、おもいを不可思議な真理そのものにめぐらす。如来の生きとし生けるものを憐れむ心を深く知りて、まことに師の教えの恩の厚さを仰ぐ。慶びはこの上なく確かになり、最上の礼をもって師に仕えること、ますます重要となった。これによって真宗の道理を明らかにすべく抜き書きをし、浄土の大切なかなめをひろう。ただ仏恩の深きことを思って人々のそしり笑いを恥じず。もしこの書を見聞する者がいれば、信順を根拠とし、疑いそしるをきっかけとし、大慈大悲の阿弥陀仏の本願の力を信じ願うことを明らかに示しあらわし、勝れた仏果としての最上の境地である極楽浄土を明らかに示しあらわすのである。

『教行証文類』制作の動機

『教行証文類』（一部六巻の聖教）は三経七祖を始めとし『涅槃経』など広く経論釈にわたって引用した文献である。二十一部の経、四部の論、三十八部の釈、そして一部の外典を引用し、親鸞聖人自らの言葉を差し挟んで引用の意図を示している。聖人もお書きになっているとおり、作でなく「集」であろう。

〈一、関東撰述説〉

この書の終わりごろに記している元仁元（一二二四）年、親鸞聖人五十二歳の年記が根拠となっている。

関東撰述説にあって、『教行信証』著述の動機を嘉禄の法難（一二二七年六月）に求める説もある。法然上人滅後も念仏は教線拡大の一途を辿ったため、建保五（一二一七）年以降七年間に五度にわたって念仏禁令が出された。

『選択集』が比叡山頂で焼かれ、法然上人の墳墓が暴かれる破却未遂事件が起きた。隆寛が『顕選択』を著して『弾選択』（定照）を論破したことに憤った定照が叡山山門宗徒を扇動したためで、七月に隆寛、空阿、幸西はそれぞれ陸奥、薩摩、壱岐へと配流せられ、隆寛は相模国飯山で没している。配流直後、聖道門を破し、戒を守らぬ「専修念仏禁止」の宣旨が出された。

親鸞聖人は常陸国稲田でこのことを知り、選択集顕彰の著作を決意し、安貞二（一二二八）年ごろから経論・釈の要文を集め始めていた。『顕浄土真実教行証文類』の顕は、隆寛の『顕選択』の顕（物事を明らかにすること）による。

草稿本である坂東本教行信証を書写し終えたのは親鸞聖人六十二歳、間もなく常陸国を離れて帰洛の途についたという説もある。

〈二、帰洛後撰述説〉

親鸞聖人は晩年まで修正を加え完成に及んだ。そして京都にて『教行信証』を書き終えたという説がある。『教行信証』は親鸞聖人が関東から京都へ帰ってからも晩年にいたるまで加筆補訂を続けたものであることが、筆跡や紙質の研究も加わり明らかになった。

元久二年、親鸞聖人三十三歳にして法然上人の主著『選択集』の書写を許され、閏七月二十九日には、上人が真筆をもって、「選択本願念仏集」という内題の字ならびに「南無阿弥陀仏、往生之業、念仏為本」の標章の文、および「釈綽空」の名字などを記された。

よき師と仰いだ法然上人の口述を、初めは弟子の安楽房が執筆し、第三章からは真観房が執筆したと伝えられる最も重要な聖典『選択本願念仏集』の思想の要《かなめ》を理解し身につけ、親鸞聖人は、往還二廻向論、絶対他力本願力救済論、二双四重の教判、三願転入体系の教義など、大乗仏教原理救済論を特色づけ展開した。

『選択集』の撰述は建久九（一一九八）年、法然上人六十六歳の三月に行われた。異説もあるが、晩年の著作であることに間違いないであろう。法然上人の熱心な帰依者となった九条兼実からの懇請があり、『選択集』述作に踏み切った。『選択集』は法然門下でも信頼できる指導的な師弟隆寛・幸西・聖光・源智・親鸞・証空らだけに書写が許された。

「私は一日として聖教を読まぬ日はない。ただ五十一歳、木曾義仲が洛中に乱入した日のみ一日聖教を見なかった」と法然上人は語るが、保元・平治の乱に始まった社会の激動のなかで、生活の苦悩を背負い、最底辺にうごめく大勢の人々、社会の底辺で末法悪世を生きようとあえいでいる庶民たちを根底から救う仏教を求めた。浄土教義の研鑽と念仏行実践によって法然上人の弥陀救済信仰はいよいよ深まった。「偏依善導」（偏に善導に依る）の信念を得て、旧仏教が見捨てた救われざる人々にわが信仰の喜びを惜しみなく分かち与えようと念仏の教えを説いた。

法然上人にとっては、善導の『観経疏』が「選択本願念仏」の救いを開顕してくれた何よりもの善知識であり、誰にでも実践できる易行道は、阿弥陀仏が全ての衆生を一人も漏らさぬ大慈悲から選択せられた本願の念仏と受け止めた。ただ深く信じ、南無阿弥陀仏と口に称える念仏行こそ末法悪世の今の時代を生きる全ての人々の救いの道になることを確信した。

『選択本願念仏集』巻首の「南無阿弥陀仏　往生の業は念仏を先とす」の十四字は、法然上人の自筆である。全十六章よりなる「阿弥陀仏の選択し給える本願念仏の要文を集めたもの」という意味のお聖教である。

選択の二字は一体何を選択したのであろうか。すなわち念仏を選択して本願とした。衆生救済の慈悲に燃えた法蔵比丘が、あらゆる解決法のなかから一つを選択して「本願」となし、それを成就して阿弥陀仏となり救済のみ手を差し伸べた。選び取り選び捨てた。絶対の一つを選び相対価値の一切を捨てたのである。仏教の経論のなかから浄土三部経と善導疏を選択し、それを根幹としてその他必要に応じて広く経論章疏を引用し、「集」と名づけた。

南無阿弥陀仏とは、正しく選択本願の実体である。南無は帰命であり、阿弥陀仏は無量寿仏である。南無阿弥陀仏、この六字の名号を称えることが本願念仏であり、称名念仏である。

本願念仏の目的はどこにあるのか。第十八願に「欲生我国」とあり、永遠の生命を得られる世界に生まれる（往生浄土）という目的を持っている。永遠の生命を生きんがために、阿弥陀仏が万行から選択して凡夫に与えたもうた唯一の道である。ゆえに「念仏為先」と註された。

親鸞聖人は、称えるところに力を認めない純粋他力の称名念仏の法体を標挙し、仏廻向の法体が衆生（諸人）の上に領納されれば、その法体の力が、人々の口に称名としてあらわれると理解した。

南無阿弥陀仏　法然の選択集の標挙

「南無阿弥陀仏　往生之業　念仏為本（先）」（南無阿弥陀仏　往生の業には念仏を先とす）と掲げる。

「南無阿弥陀仏」の南無は帰命するという意味であり、この六字を弥陀の名号、名号を称えるのを正定業とする。

善導和尚は「南無と言ふは即ち是れ帰命なり、亦是れ発願廻向の義なり、阿弥陀仏と言ふは即ち是其行なり、斯の義を以ての故に必ず往生を得」と解釈する。

蓮如上人（一四一五〜九九）は『御文（章）』「無上甚深の章」五帖目十三通にてこの善導の六字釈、願行具足の念仏論を語る。「南无といふは帰命なり、またこれ発願廻向の義なり。阿弥陀仏といふはその行なり」。この発願廻向の行に蓮如の六字釈、すなわち思想と実践、生き方の根本が存在し示されている。もしここを否定するなら生きる意味も失う。ここには人間として生存する意味の実践行動の根源が存在する。それが本願力廻向、願行具足の念仏論なのである。いい換えてみれば、ここに蓮如のエートス論、念ずれば花開く、念願成就の構想が存在する。

一般に発願とは、願いをおこす誓願をいう。今日の言葉でいえば「夢」であり「希望」（望み）であろう。人はもし生涯、夢、希望を持たない人生を過ごせば、酔生夢死の人生に終始することになる。人生とはそういうものである。

その意味では、夢、希望は重要である。自らの生涯をどのように構築すべきか、人生の構想力は発願廻向にあり、発願廻向ありてその行ありなのである。

桃栗三年柿八年の諺も、願行の因果の道理である。念仏者の人生論につながる。桃栗三年の論理は、木を植え、育てて三年にて果（収穫）を得る因果応報の道理を教えている。因を植えねば果は得られず。善根を植えて疑えば花開かず。結実を信じ育つことを念じ、念願成就までは、果実は目に見えぬ生成過程にあろう。見ればわかるのであるが、結実までの期間は信ずる以外に道はなく、疑えば花開かず。信じ大事に育てるより手立てはないのである。ここに結実まで目には見えぬ因果の道理を信ずる信仰の世界があろう。どこまでも信じ大切に育てと念ずることである。機が熟すれば、開花結実は現前の事実、誰が見ても見ればわかる客観的事実となろう。

夢、希望も人生にあってかくのごとく、自然の道理そのものであろう。夢、希望は叶えられる。念ずれば花開く。それは私たちの人生に欠くことのできぬ重要な発願廻向、望みである。

行は実践であり、発展し進んでいく活動、形成力、身・語・意の行為であろう。この阿弥陀仏とは行なりの心が、発願にして弥陀の廻向であるところに無限なる活動のエネルギーの根源があり、その思想は六字の名号そのものにキーワードが存在するであろう。その心、阿弥陀仏の誓いを信じ、報恩の念で称名念仏をする一行が称名報恩となるであろう。

なぜ聖道門を捨てて浄土門を選ぶか――聖道浄土の二門説について

道綽禅師は、聖道の一種は今の時は証しがたしとの給えり。……このゆえに道綽はたゞ浄土の一門をさしおきて、浄土の一門にいらんとおもはん人は、道綽・善導の釈をもて所依の三部経を習ふべきなり。（法然『往生大要鈔』）

道綽禅師が仏教のなかからどうして浄土教を選んで帰依されたか。仏教を聖道門と浄土門に大別し、聖道門は現代の人に適しない教えであるから、それを捨て浄土門に帰命すべきことを明らかにされている。

ここからは『選択集』第一章をひも解いて、法然上人が浄土門を選ばれたわけを考えてみよう。

『安楽集』（道綽禅師）上巻に次のように問うていうのには、あらゆる人は皆、仏性（仏となりうる可能性）を持っている。久しい昔から長年このかた、仏教に接し多くの仏に遇うことができた。何によってか今にいたるまでなおみずから生と死の苦悩に迷い輪廻転生し、煩悩と苦悩に満ちたこの世を出られないのであろうか。

答えていうには、大乗仏教の教えによれば、まことに二つのすぐれた教え（二種勝法）を得て、生死を払い除かないためである。それゆえ煩悩と苦悩に満ちたこの世を抜け出ることはできないのである。

その二つとは何か。一つには聖道門であり、二つには往生浄土門である。われらが生死の苦海に沈み、脱れ出ることができないのは、なぜであろうか。なぜ諸人は仏性を本具しているのに、今なお迷っているのか。

長い生死の旅路のあいだには仏に遇うこともあったであろう。その仏門を如実に実行せねば解脱はできぬ。いずれの法門をも実行して生死苦海を払いのけようとせぬから、煩悩と苦悩に満ちたこの世を出ることはできない。何を二種勝法というのであろうか。一つは聖道門、二には往生浄土の門である。

そもそも聖道門では、末法である今の時代には、悟りを証得することが難しい。その理由は、一つには大聖釈迦牟尼世尊がお亡くなりになってからはるか時を経ているからである。二つには体得すべき教理は深奥であるのに、今の人は理解する能力が乏しくなっているからである。

いずれも出離生死の要門であるが、聖道の法門は現代人には不向きとなっている。聖道門というのは、自分自身で心を磨き現実に悟りを開いて仏となるという教えである。今日は末世を迎え、人心にあてはめてみると、聖道門で悟る道は何人も到底行い得ない難しい修行である。

今日の時代は、釈尊滅後二千五百年になろうとしている。世は険悪になり煩悩は増上し、尊い教えを正しく理解し悟りを開く者がない現在の事実が示しているであろう。現代人の能力について見ると、荒廃した末法の世では、心を静め真理を把握する途を辿るのにはあまりに力がなく、智解が乏しく浅薄すぎる。

聖道難証

こういうわけで、釈尊ご自身も『大集経《だいじっきょう》』（月蔵分《がつぞう》）に予言し、おっしゃっている。「わたしの滅後千五百年の歳月が流れ末法の時代になると、限りなき多くの人々がわが教えを修行し、仏道を成じようとしても、誰一人として悟りを得る者はいなくなる」。濁りきった当今の時代（道綽）はすでにその末法に当たり、まさに濁り切った五濁悪世ではないか。

『大集経月蔵分』のこころによれば、釈尊のお説きになった悟りへの道が末法の時代になると、あらゆる衆生（億の人々）が戒・定・慧の三学の修行にとりかかって悟りの道を修めようとしても、一人として仏果を成就する者がいない。当今、道綽在世時代はすでに末法の時代に入っていて、現に五つのけがれを持つ悪世ではないか。

濁れきった五濁増の時代、末世である。真剣に求道の途を辿られた道綽禅師は、切実に末法を痛感されたのである。どうして末法なのであろうか。

正像末の三時の期間論

正は証の意味であり、法（宇宙の大真理）を証見し得る正しい教えが存在する時代を意味する。像は似の意味、教を行ずる（実践する）者も存在する、正法に似た時代である。末は微の意である。仏の教はあるが行ずる者がなく、証《さと》る者がいない微劣の時代である。

末法という仏教の観方は、社会情勢によっているのであろう。道綽十三歳の時には、三武一宗の法難、周武帝の廃仏法難があり、まさに末世を感じさせたのである。

捨聖帰浄の心

とすれば、聖道門は悟りへいたる路ではなく、ただ浄土の一門のみが仏道にいたる路である。このゆえ『無量寿経』にいうのには、「もし人ありて、罪深い生涯を送り一生悪を造るといえども、命が終わろうとする時に臨んで十遍続けてわが名号を称え念じたならば、わたしはその人を極楽浄土へと救済するであろう。もし往生できないならば、わたし自身も正しい悟り（正覚）を取らず、仏になるまい」。五濁悪世、末法の世にはただ浄土の一門のみが解脱への要路である。弥陀仏の救済こそが今日の末世時代の人々に最も適切な解脱の法門であるという。第十八願（大悲の本願）は十方衆生（諸人）を救済する。まさに下品下生の人こそが仏本願の正機であるとの道綽の理解であろう。

また、末世のあらゆる人々は自分自身を顧みなさすぎる。もし大乗仏教によれば、真如《しんにょ》（あらゆる存在の真の姿）も実相《じっそう》（万有の本体）も、一切の迷いがなくなった絶対的境地にも心をかけて修行する者が全くいない。また、小乗仏教を論ずれば、四諦の道理を信認し、さらにくりかえしそれを観じ、ないし不還、不来（欲界の煩悩を滅ぼした聖者）や阿羅漢《あらかん》の修行段階に到達した聖者となり、十種の煩悩（五下結分《ごげけつぶん》・五上結分《ごじょうけつぶん》）を断ち切る修行をすることであるが、出家・在家の別を問うことなく実践できる者はいない。

たとえ人間界や天上界に生まるべき果報を受けたとしても、実は五戒・十善によってこの報いを得たのであるが、それらを保ち守ろうとする者はたいそう稀である。もしも悪をなし罪を造ることを論ずるならば、今日の時代は暴風やにわか雨のように罪悪が荒れまわっているではないか。

あらゆるすべての人々は、自己の能力そのものを思量する反省が足りない。聖道門（厳しい修行の道）が末法のわれらに不適切であることは、各自の能力を反省すればよく解ることである。聖道門がわれら凡夫の能力に耐え得る法門であるかどうかについて、反省してみる必要がある。

万有発現の根本たる真如は、真実のあるがままの姿である。現象界のありのままの真実の姿（実相）は、一切の嘘、偽り、虚妄、思案を巡らし考える分別を空じて去った絶対的境地であるから、第一義空（最勝真実の道理としての涅槃）ともいうのである。それを如実（実際のとおり）に把握し、体現し、一如（真理は不二）となることである。

大切であるのに、今時の人にはそうした真実ありのままという問題を心に秘めて観行して（心に理を観じて）いる人は見当たらない。大乗仏教の奥義であるから困難であるとし、それをしばらくさしおいて、では小乗上座部のような大乗より劣った法門ならばわれらの器に適するのであろうか。

小乗では修行の順序として外凡・内凡という過程を経てから初めて宇宙の真理を観る見

諦、見道に入る。真理を観るのを妨げた見惑を断じてもなお三界に繋縛する煩悩の思惑を断じていない。この見道から以後は、すでに観ることのできた真理を、繰り返し巻き返し観じて明瞭にすると同時に、思惑を断ずる修道の位に入って修行する。

　五下分結は、下方に結びつける五つの束縛、五つの下位の束縛であり、結は煩悩のこと、下分は下位の領域、すなわち欲界である。色欲、食欲の強い人間の住む世界であり、欲界に衆生を結びつけ束縛している五種の煩悩のことである。人々の心身をわずらわせ悩ませる一切の妄念、根本煩悩のことである。五下分結がある限り人々は欲界に生を受け、これらを断滅すると欲界に還らぬ不還果を得る。一切の煩悩を絶滅することが解脱の要訣とされる。

　五上分結（色愛《しきあい》・無色愛《むしきあい》・掉《じょう》・慢《まん》・無明《むみょう》）は五つの上位の束縛である。上分結とは色界・無色界に人々を束縛している煩悩という意味である。この上二界である色界・無色界が衆生を結縛する五種の煩悩、色貪《しきとん》（色界における貪愛の煩悩）、無色貪《むしきとん》（無色界における貪）、掉《じょう》挙《こ》（心の軽躁なこと）、慢（おのれは他人よりもすぐれていると妄想して他人に対し誇りたがる心のおごり）、無明（仏教的真理への無自覚）のことである。衆生を色界・無色界に結びつけて解脱させない煩悩であるから上分結と名づける。これを断ずると尊敬するに値する阿羅漢果を得る。小乗と賤称しているものの、僧俗を問わずその修行すらできるものではない。無漏（煩悩のない）聖道の悟りの道であるから困難である。

因果の法門による五戒を保てば人間の果報を得、十善を保てば天、人の果報を受けるとされる。その五戒（生きるものを殺さない不殺生戒、盗みをしない不偸盗戒、道ならざる愛欲を犯さない不邪淫戒、嘘をつかない不妄語戒、酒を飲まない不飲酒戒）すら実践し得る者ははなはだ稀である。最も楽に行える五戒すら行いえぬわれらに、無漏聖道の悟りを開けと叫んでも無理であろう。

悪を犯し罪を造る方面のみは、暴風が勢いよくすさまじく荒れ狂うように、速やかに実動する。

十善は、十悪に対する十種の善い行いである。この十善行に依って人天に生ずる。五戒は、在家人の受持する戒であり、十善戒に㈠～㈣まで同様で、㈤に不飲酒がある（六十四～六十五頁参照）。この五戒すら実践し得るものははなはだ稀であろう。

捨聖帰浄（ここでは捨聖の意を示そうとしている）

それなればこそ、諸仏は、大いなるあわれみの心をもって阿弥陀仏の浄土の国を教え、帰命させる。たとえ一生のあいだ悪を造るとも、ただよく浄土に心をかけてつねに専一によく念仏すれば、一切のさまたげは自然に消えて、必ず往生を得る。どうしてこのことを思量することもなく、往生したいと願わないのであろうか。

このような事情であるから、一切の諸仏は大慈大悲の親心をもって阿弥陀仏の救いによって浄土に往生する教えに帰命せよと勧める。たとえ一生涯悪をつくるとも、ただよく心を西方浄土において、一生懸命常に念仏するならば、真実に生きゆくためのあらゆる障りは、氷が太陽に照らされ自然に消えてゆくように、永遠の生命に生かされることが決定するからである。さればどうしてそうした事情を深く考慮思量せず浄土帰命の心を生じないのであろう。実に歎かわしい極みである。

〈私釈段〉（法然上人独自の主張）

私（法然）が思うに、ひそかに考えてみると、教えの立て方はさまざまであり宗派によって異なっている。

有相宗（法相宗、唯識宗）は、三時の教えを立てて分類し、釈尊が一代でお説きになった教えを判断している。いわゆる有、空、中の三時である。

無相宗（三論宗）は、二蔵の教えを立て分類して、釈尊一代の教えを体系づけ判断する。いわゆる菩薩蔵、声聞蔵がそれである。

華厳宗は、五教に分類し体系づけ、一切の仏教をまとめている。いわゆる小乗教、始教、終教、頓教、円教がそれである。

法華宗（天台宗）は、四教と五味を立てて一切の仏教をまとめている。四教とはいわゆる蔵教、通教、別教、円教がそれである。五味とは、いわゆる乳味、酪味、生酥味、熟酥味、醍醐味がこれである。

真言宗は、二教を立ててまとめている。いわゆる顕教と密教がそれである。

これはいわゆる教相判釈である。「教相判釈」とは「教判」と「判教」である。文字どおり「教えの姿」を「それぞれの考えで諸経典を価値排列づけたもの」である。仏教思想家が自分の立場が決まっていてそこから仏教の各部門の特質を考え、それぞれの宗派の教学が全仏教に占める位置を明示するのを目的としている。中国仏教の特質としてよく行われた。

数多くの経典を釈尊の一生涯に説かれたものとして、それらが説かれた形式・方法・順序・意味、内容や教義内容などによって諸経典を分類し体系づけ、価値を決めて仏の真の意図を明かそうと試みた。

自己の教学の依りどころとなった経典の優位を主張する傾向が強くなり、それが宗派成立の要件ともなった。すなわち自己の信奉する教義的立場を明示するため教判が盛んとなった。

浄土教の教判

今、わが浄土宗は道綽禅師の考え方によれば、二門を立てて一切の仏教をまとめる。いわゆる聖道門と浄土門である。

曇鸞《どんらん》（四七一〜五四二）の二道判、善導の二蔵二教判、道綽の二門判である。高僧中の三師の教相である。

- 一、曇鸞の二道判
  - 難行道
  - 易行道
- 二、道綽の二門判
  - 聖道門
  - 浄土門
- 三、善導の二蔵教
  - 声聞蔵
  - 菩薩蔵
    - 頓教
    - 漸教

道綽の二門判というのは聖道浄土の二門である。

浄土宗と号することの名の由来

問うていう。そもそも宗名を立てることはもと華厳宗や天台宗など八宗・九宗にある。浄土の教えにおいて、まだ宗名を立てたと聞いたことがない。そうであるのに今、浄土宗と号することに何の根拠があるのか。

答えていう。浄土宗と名づける証拠は一つではない。新羅の元暁の著した『遊心安楽道』にいう。「浄土宗のこころはもともと凡夫のためであり、兼ねて聖人のためにある」。また唐の慈恩《じおん》大師窺基《きき》の『西方要決』にいう。「この一宗による」と。また迦《か》才《ざい》の『浄土論』にいう。「この一宗こそひそかに要路とする」と。その証拠はこのとおりである。疑問とするに足りない。

ただし、諸宗の立教（経論によって教えを立てる教相判釈）は、正《まさ》しく今の考え方とは主旨が異なる。しばらくのあいだ、浄土宗について、略して二門を明らかにすると、一つは聖道門、二には浄土門である。

成仏道聖道門を明らかにする

初めの聖道門とは、これについて二つある。一には大乗仏教であり、二には小乗仏教である。

大乗仏教についても真言宗で立てる顕教と密教、天台宗で立てる権大乗と実大乗などの違いがあるけれども、今のこの『安楽集』の意は顕教の大乗と権教の大乗である。こういうわけで歴劫迂廻（きわめて長い年月を経過する回り道）の修行の道に相当する。これに準じて思うに、まさに密教の大乗も実教の大乗も同じことである。それゆえにすなわち今、真言、仏心（禅）、天台、華厳、三論（南都六宗）、法相（興福寺、薬師寺等唯識派)、地論、摂論(摂大乗論)、これらの八宗の心はまさしくこれにある。まさによく知るべきである。

次に小乗とはすべてこれ小乗の経・律・論のなかに明らかにするところの声聞《しょうもん》(教えを聞いて自己の悟りだけを求め励む仏弟子)、縁覚《えんがく》(師なくして独りで悟りを開く者)という断惑証理《だんわくしょうり》(悪を断ち切り仏法の理法を悟る)、入聖得果(聖者の結果を得る)の道である。前の大乗仏教に準じてこれを思うに、倶舎宗、成実宗、諸部の律宗をまとめているだけである。

およそこの聖道門の大意は大乗および小乗を論ぜず、この娑婆世界のなかにおいて四乗の道を修して、四乗の果を得るのである。四乗とは三乗(声聞乗、縁覚乗、菩薩乗)のほかに仏乗を加えたものである。

聖道門の聖は仏であり、成仏道を聖道といい、その断惑証理の方法によるものを聖道という。その方法によって仏果に入る。煩悩の巷《ちまた》を出て涅槃に入る。はたして現身に成仏し得る者が幾人あるであろうか。

八家の法門も四乗の聖道門は、自力をもって最高の結果を獲得、念願成就を願うのであるが、仏果に向かう難行は、長い間の修行を迂回する実践行であるという。

聖道門は聖者の道であろう。この世で自力の修行によって聖果を得る自力門であり、悟れなくはないが聖者の道ということで凡夫の修する道にあらず、聖者の方が修するゆえの聖道というのである。末法の世の凡夫の器にとって行い難い法門であろう。

往生浄土門を明かす

次に往生浄土門とは、これについて二つある。一には正《まさ》しく往生浄土を明らかにする教え。二には主目的をほかに持ちながら側面的に浄土往生を明らかにする教えである。

初めに正しく往生浄土を明らかにする教えというのは、三経・一論である。三経とは、一には『無量寿経』、二には『観無量寿経』、三には『阿弥陀経』である。一論とは天親（世親）の書かれた論述『往生論』である。ある人はこの三経をさし浄土の三部経と称する。

問うていう。三部経という名は、ほかにまた例があるのであろうか。

答えていう。三部経という名の例は一つではない。一つには法華の三部『無量義経』『法華経』『普賢観経』である。二つめの例としては大日の三部といわれる『大日経』『金剛頂経』『蘇悉地経』が三部経である。三つめとしては、鎮護国家の三部といわれる『法華経』『仁王経』『金光明経』である。四つには弥勒の三部といわれる『上生経』『下生経』『成仏経』である。今はただ弥陀の三部だけをいうのである。それゆえに浄土三部経と名づける。弥陀の三部とは浄土往生の正しいよりどころとする経典である。

次に主目的をほかに持ちながら側面的に往生浄土を明らかにする教えとは、『華厳経』『法華経』『随求陀羅尼儀軌』『仏頂尊勝陀羅尼経』などのもろもろの浄土往生を明らかにする諸経典である。また『起信論』『宝生論』『十住毘婆沙論』『摂大乗論』などのもろもろの浄土往生を明らかにする諸論のことである。

聖道門について語り、次に往生浄土門について明らかにする。

死後、地獄に生まれかねないわれらが、念仏の功徳によって阿弥陀仏の浄土極楽世界に生まれる「往生浄土」、阿弥陀仏の本願を信じそれにすがって極楽浄土に生まれ、悟りを得ようとする実践を二種に分類し、聖道門と対比された浄土門（他力門）として主張される。即得往生を説き他力の信心を得たとき、この世で正定聚の位に定まると説いた親鸞の現生不退転の思想展開は、もう少し後のことであろう。

八万の法蔵のなかから浄土に往生するために正しくよりどころとすべき浄土三部経が明示されている。この浄土三部経をよりどころにして往生浄土の道が明示され、悪性やめがたいいたずらものの凡夫も目的を彼岸の浄土に置き往生浄土を辿って行こうという教えである三経一論が示された。

善導教学の上の浄土三部経を所依の経とし、『観経』『小経』を仮の法門、『大経』を主として示され、道綽・善導が『観経』に重きを置き、親鸞が『大経』を真実根本経として三経差別門を論じたことは知るところであるが、法然上人が天親（世親）の「世尊我一心帰命尽十方無礙光如来」と一人称を用いて帰命の誠を捧げた一論を三経一論として加えた点は意義深いものがあろう。

聖道を捨てて浄土に入らねばならぬ理由を説く

おおよそ、この唐の道綽撰『安楽集』（二巻）のなかに聖道・浄土の二門を立てたこころは、聖道門を捨てて浄土門に入らせるためである。これについて二つの理由がある。一つには、大聖釈迦牟尼世尊が亡くなってからはるかに時がたっている。二つには、ものごとの道理は深く、それを理解する能力があまりに乏しいということが挙げられる。仏教のなかに二門を立てたことは、ただ一人道綽のみにあらず。曇鸞、天台、迦才、慈恩などの諸師も皆このこころである。

曇鸞法師の『往生論註』にいう。「謹んで考えてみると、龍樹菩薩の『十住毘婆沙論』にいうには、菩薩が不退転（仏果を求める心が堅固で、悟った法を退失・転落することのない位）を求めるに、二種の道がある。一つには難行道、二つには易行道である。難行道とは、五つの汚れに満ちている末世の世、釈尊が入滅して久しく仏のいない無仏の時において不退転位を求めることは難しい。この難しさには多くの理由がある。大方大略して三つ五つの理由を挙げて趣意を示そう。一つには、外道の有漏善（けがれを離れていない相対的で世間的な善業）が菩薩の教法を乱す。二つには、仏の教えを聞いて修行する声聞が自己の悟りだけを求め、専念する。それが仏の大慈悲を妨げる。三つには、後先を見ず反省のない悪人が、ほかのすぐれた徳を破壊する。四つには、道理に背く誤った考えで善果をもたらそうと修行することが清らかな修行を壊す。五つには、自己の力で行う修行に頼り阿弥陀仏の願力をしっかりと学び保つことがない。これらのようなことは、みな現に目に触れる事柄である。たとえていえば、陸路の歩行が苦しいことと同じである。易行道とは、ただ仏を信ずる因縁をもって浄土に生まれようと願えば、仏の願力に乗じて清浄な仏国土に往生することができるのである。仏の力を留め保ち失わず、大乗正定聚の位に入ることができる。正定とは不退転位である。たとえば水路の乗船は楽しいようなものである」。

このなかの難行道とは聖道門のことである。易行道とは浄土門である。難行・易行と聖道・浄土と、その言葉は異なるといえども、そのこころは同じである。天台や迦才も全く同じである。そのようにまさに知るべきである。

聖道・浄土の価値を批判し、浄土門の勝れている点を論ずる。なぜ聖道を捨てて浄土門に入らねばならぬのか。

その理由の一つは、釈尊入滅後、時久しく、末法到来の今日を迎えている。第二点は、聖道門の真髄は奥深いが、今日の行人は智解が浅く凡愚であること。菩薩が不退転位の正定聚位を求めていく場合、難行道と易行道がある。末法濁世の仏不在の時にあっては、難行道にて不退転位を求めることははなはだ困難であると、五種ほど困難な理由が示される。たとえていえば、遠い陸路を歩いていくようなもので、困難をともなう修行であるから難行道という。易行道は、誰でも容易に行い得る道であり、浄土往生を願えば浄土往生が叶う。退転することなく大乗の世界（正定聚）の仲間入りをすることができる。順風に帆を揚げて静かに進む船に乗って楽しみ行くようなものである。北魏の曇鸞『浄土論註』二巻（浄土往生についての信仰書）および龍樹の分類法に基づき、難行を捨てて易行の道を選ぶべしと勧められた。

宗教実践の行為として難行・易行道とし、

難行道　聖道門……陸路の歩行のごとし―自力
易行道　浄土門……楽しき乗船のごとし―他力―仏の本願力

と現生に不退転を得ることを目的として二道を明らかにし、弥陀の浄土教、往生道が説かれた。

以上がよき師法然上人の教え、専修念仏道の概略である。続く『選択集』の私釈については、改めて論述を試みる構想である。

第二項　救い難い末世の到来――その仏教史観

平安朝末期より鎌倉時代は、思想的に重要である。その時代の意識として、末法を問題としていることは否定できない。法然上人を始め新仏教の唱道者たちが末法思想に基づきその時代の仏教徒に反省を促したともいえる。

釈尊入滅後の仏教流布の期間は三区分される。正法の期間は、釈尊入滅後の五百年、正しい教えが存在し実践され証果があった。正法の次の五百年または一千年間は像法の期間であり、信仰が次第に形式に流れ真実の修行が行われず、証果（悟り）を得る者がいない。そしてその像法の後の一万年に入ると、仏の教えがすたれ教法のみが残存する時期、末法時を迎え、仏教が衰える時代となる。そこに生まれ末世に生きる私たちの社会は釈尊の教えが完全に行われた正法の時代、教説（教え）と実践（行）と結果としての悟り（証）が正しくそなわった時ではなく、また教と行はあるものの、悟りを欠く世、正法に似た像法の時代でもない。

ではどんな時代なのか。修行をする人は確かにいるけれども、その修行は真実のものでないので、悟りを開く者はいない。ましてや仏の教えが失われた末世の今、この時に及んでは実践する行も悟りとしての証もなく、仏法が滅して救い難い世である。

すでに永承七（一〇五二）年に末法を迎えたと、『末法灯明記』（最澄）は語る。この年には長谷寺が焼失し、武士の勃興、僧兵の横暴におびえた貴族たちは浄土教に帰依して後世を願う傾向が著しくなっていた。

末法は末の世、濁りの世、救い難い世であり、仏教史観の示す法滅（saddharma-antardhita）の世である。仏法は滅亡する。教道滅尽の世に入った。百年だけは「浄土教典」がこの世にとどまるが、その後は失われるという。仏の正しい教えの滅びる時代を迎えている。

今日に及んでも大切なものが失われた法滅の姿が見られるではないか。いってみれば、末法は「人間の危機の時代」である。新たな危機意識を人間に自覚せしめ、末法克服の時代相応の宗教的な行があらねばならぬ。

末世における私たちの初発心（仏教入門の道）は、自己の眼を内観に向け苦悩に逢着した人間個の魂の問題として、酔生夢死でない真実の生き方を求める人にとって大切な第一義の問題である。生老病死の人生、この与えられた私たちの人生は悲の器である。煩悩熾盛の凡夫であるわれらを意義ある一生に導く叡智こそがわれらの救いであり、解脱道であろう。

生死を超えた法（真理）の道は、私たちに新たな生命、いってみれば生きる意味・意義を必ず与えるであろう。

若き法然は魂の依り処を求めて南都北嶺に多くの先達を尋ねたが、いずれも救いの道を示してもらうことができず、また、成仏のための実践方法として提示せられた戒・定・慧の三学にも、堪えざる自己に絶望した。

しかし善導和尚の『観経疏』を披き、その中の「一心ニ専ラ弥陀ノ名号ヲ念ジ、行住坐臥ニ時節ノ久近ヲ問ハズ、念々ニ捨テザルモノ是ヲ正定ノ業ト名附ク、彼ノ仏ノ願ニ順ズルガ故ニ」という一句に逢着して、初めて廻心を体験したのは安元元（一一七五）年、時に法然は四十三歳であった。

この時の内的光景は、「感悦髄ニ徹リ、落涙千行」であったといわれている。

（『黒谷源空上人伝』。田村圓澄『法然とその時代』一九七九年、法藏館、一六三頁）

法然上人自身「十悪の法然房、愚痴の法然房」（『常に仰せられける御詞』）と述懐し、生老病死を超えることのできない悲の器としての人間として根本悪が人間存在の奥深くまで根づいていた。自力では脱し得ないほどの罪深い一文不知のわれらも悪業煩悩に惑わされ苦しむ老若男女。そのような人間であっても総じて一切衆生は皆ともに救済されねばならぬという他力による救いの道を明確にせねばならぬ。日本仏教史における法然上人の役割は、大乗仏教精神によるこの一事にかかわっているであろう。

法然上人の自覚によって示された時代相応の新しい救いの道は、念仏することによって、つまり本願の念仏の教えによって限りなき生命が与えられるという他力の救いが示された。それは法滅の時代の危機感に立った末世の人間救済道の展開であり、確かなる浄土仏教の宗教的実存、生きる意味の吟味でもあった。

歴史社会の子、法然上人の生きた時代

法然上人の生きたその時代は、生涯の大半が戦乱の時代であった。

永治元（一一四一）年　正月、行願寺焼ける。
康治元（一一四二）年　三月、延暦寺焼ける（兵火）。
久安二（一一四六）年　三月、京都大火、四月、清水寺焼ける（兵火）。
園城寺と延暦寺とが争い清水寺の僧徒が反乱を起こす。
久安三（一一四七）年　祇園の神人が騒ぎ延暦寺の僧徒が山を下り京洛へ乱入。
久安四（一一四八）年　二月、比叡山炎上。
南都興福寺の衆徒が不穏の形勢を示し都人の心を震撼せしめ、
久安六年に神木を奉じて北上、入京し強訴。
久安六（一一五〇）年　正月、太秦広隆寺焼ける。

仁平元（一一五一）年　六月、皇居四条東洞院殿火災。
仁平三（一一五三）年　十二月、仁和寺焼ける。
久寿元（一一五四）年　十月、叡山の法華堂・常行堂焼ける。
保元元（一一五六）年　五月、徳大寺堂焼ける。七月、保元の乱（兵火）。
平治元（一一五九）年　十月、六条堂焼ける。十二月、平治の乱（兵火）。
長寛元（一一六三）年　六月、延暦寺の僧徒が園城寺焼く（兵火）。
延暦寺僧徒の強訴。
永万元（一一六五）年　七月、清水寺焼ける。
興福寺の僧徒が入京し天台座主俊円を流罪せよと強訴。
仁安元（一一六六）年　十二月、叡山の定心寺焼ける。
仁安二（一一六七）年　九月、五条内裏焼亡。十月、延勝寺西大門焼ける。
仁安三（一一六八）年　二月、京都大火、三千余戸焼失す。
千手堂、悲田院焼ける。（十二月、伊勢神宮炎上。）
嘉応元（一一六九）年　二月、叡山横川の中堂焼ける。
延暦寺の僧徒が入京、翌年にも入京した。

嘉応二（一一七〇）年　五月、旱天つづき民心憂う。十一月、今熊野焼亡。

承安元（一一七一）年　三月、朝臣季長の家焼亡。七月、東北院焼亡。

十一月、中宮御所炎上（放火）。

承安二（一一七二）年　十一月、宮中の藻壁門および大垣二町ばかり焼ける。

承安三（一一七三）年　四月、七条殿御所の萱御所焼ける。十一月、清水寺失火。

承安四（一一七四）年　二月、女院御所焼ける。四月、春日堀川焼亡。

六月、東極東勘解由小路南春日北二町焼亡。

七月、故御匣殿同并舎屋焼亡。（この年旱魃。）

安元元（一一七五）年　四月、清浄光院焼ける。

十一月、禎喜法務担所失火。（法然浄土宗を開く。）

治承元（一一七七）年　四月、延暦寺僧徒の入京強訴。

治承二（一一七八）年　後白河天皇が平清盛をして延暦寺僧徒を討たしめたが清盛軍敗退。

治承三（一一七九）年　七月、勅して延暦寺の僧徒を討たしめ堂舎を焼かしめる。

治承四（一一八〇）年　五月、源頼政が以仁王を奉じ挙兵。

寿永二（一一八三）年　木曾義仲が入京し平家に代わる。

元暦元（一一八四）年　義仲が粟津に戦死、京洛には義経に率いられた源軍が駐屯。

文治元（一一八五）年　源平両軍による一の谷、屋島、壇の浦の一連の戦いが行われる。

建久二（一一九一）年　延暦寺の僧徒の強訴が始まる。

建久五（一一九四）年　延暦寺の僧徒が強訴し朝廷も手のつけようがなかった。

法然上人の教え――このような末法の時代における人間の機根、教法の実践者について

人間の機根、教法の実践者、本質的な悩みを持つ人間的なる人間について法然上人は諭す。

猫は悩まない。しかし人間は本質的に悩みを持つ存在である。ではなぜ人間は悩みを持たねばならぬのか。人間が本質的な悩みから脱することができないことについて「われらは信心おろかなるゆへに。いまに生死にとどまれるなるべし」（『念仏大意』）という。

神仏を信仰して祈念するそのこころ（信仰心）がおろそかで、浄土往生への道を知らず迷う。実が充分こもっておらず、なおざり、いい加減で、通り一遍である。理解力に乏しい愚者である。疑心をはさまず弥陀の救済を信ずる心が確として動かない信仰心がないから生死にとどまる。信心過ぎて極楽を通り越す（信心に凝り過ぎてかえって邪道に陥る）とい

うこともあるが、結果として生死にとどまる。生死流転の苦界を脱することができない。人間は真摯に生きれば生きるほど悩みを持つ存在であり、順調に加齢しても、老い、患い、死を迎える。二人称、三人称の死のみならず、一人称の死も避けては通れぬ生き物であろう。

人間とは死すべきものである

人間は死ぬべきものである。一切の生きとし生けるものは死すべき存在、死を本質とするもの（maraṇa-dhamma〈パーリ語〉）、死を終わりとするもの（maraṇa-pariyosāna〈同〉）、死を超えられないもの（maraṇa-anatīta〈同〉）である。これ（死）は何ら不思議なことではない（『長阿含経』）。当然のこととして死を受け容れよとゴータマ・ブッダは諭す。

寿命には限りがある。人生九十年と、今日は長寿の人生となったが、死すべき者が人間であることを悟ることが肝要であろう。

酒で紛らわし酔生夢死の人生を終える人、生死度脱の道である願生浄土を願う人、生き方はいろいろあろうが、時間を大切にして積極的に生きることの大切さを東洋的叡智は諭し、人生の超克を語る。

生と死の人生の超克

生死度脱の道はいつの時代でも人々の願いであろう。一言でいえば輪廻の里を離れるということである。車の輪が廻るように惑・業によって迷いの世界に果てしなく生死を繰り返すわれらの人生。六道のあいだを生まれ変わり死に変わりして迷いの生を続ける。涅槃の常住を得ざれば六道に終始するであろう。

涅槃（nirvāna）は、煩悩を滅却して絶対自由となった状態であり、仏教における理想の境地である。

地獄
餓鬼
畜生
┘悪業によって生まれる三悪趣（道）。趣は衆生が自らの業、意志による心身の生活活動に導かれ趣くところの生存状態、煩悩にけがれた有漏の迷いの世界である。

阿修羅
人
天
┘善業によって生まれる三善趣。

念仏はすなわち是れ涅槃の門であり、無上涅槃の悟りを開く種であり、涅槃の真因は唯信心をもってすと、浄土仏教は信の仏教を考える。

涅槃について部派仏教上座部は消極的に考え、煩悩も肉体も滅無に帰した灰身滅智の境地を究極的な涅槃と考えているが、大乗仏教では涅槃に積極的な意味を与え、常楽我浄をニルヴァーナの四徳とする。すなわちニルヴァーナは永遠であり（常）、安楽に満ち（楽）、絶対であり（我）、清浄である（浄）と『涅槃経』は説く。

煩悩を断じ尽くしても肉体（残余の依身）が残存しているが、それを「有余涅槃」といい、この世に生存しているあいだに得られるニルヴァーナである。生存の根源をなお残している。心はあらゆる束縛から脱しているが、まだ肉体を残している。

肉体がなくなって残余がないのを無余涅槃という。無余涅槃は肉体などの生存の制約から完全に離脱し、生存の根元を絶滅し尽くした完全な真実のニルヴァーナであり、悩みのない永遠の平安であろう。一切の煩悩を断ち切って未来の生死の原因をなくした者がなお身体だけを残しているのを有余涅槃であると今述べたが、その身体までもなくした時、それが無余涅槃であり、心の惑いを断じ尽くすばかりでなく、肉体もまた無に帰した悟りの状態であろう。

あらゆる存在には現象的差別があろう。その現象的差別の相を超えた真実不変で絶対平等な法性（dharmatā）は不変である。

法性・法身は生死身の対であり、姿の美しい見事な色相荘厳の阿弥陀仏であろう。法性も真如も同義語である。不生不滅の永遠の理法としての仏である。生死を超えた真理そのものである。真如、法身を悟ることが大切であろう。

真如に対する不覚によって妄想が起動する。無明、この悪者が種々の悪心を起こさせる。不了仏智が誓願不思議を疑う。弥陀の本願を疑う。

智慧の明かりのないのが無明であり、われらの存在の根底に無知がある。智慧の光が大切である。自己の無明を止揚する能力が人間にはない。人間の機根において超越能力なしとの人間観により、他力浄土門の教えが展開されている。

人間の力の及ばないところに仏の救済の論理、不可思議の本願力廻向があろう。

無明なるがゆえに生死に流転する。信仰心を持たない不信は無明のままの存在であり、信ずることによって仏の救済にあずかるであろう。明信仏智はそのことを諭している。

当時の社会のみならず、今日の社会においても無知を根源とした業（行動）が不知の争いを形成している。

罪悪生死、煩悩具足の凡夫としての自己の発見、人間観を基盤としての人間の実存的・宗教的把握が浄土念仏の教えの出発点となっていると思われる。すなわちわが身の程を信じ、仏の願を信ずるという救済の論理であろう。

第二節　親鸞聖人の思想

第一項　救済の論理　三願転入

三願転入は、親鸞聖人ご自身の入信過程の告白である。それは親鸞聖人独りの体験ではなく、諸人の本願力遭遇にいたる必然的信仰の過程であろう。

親鸞聖人は真と仮とを区別し「仮と言ふは、即ちこれ聖道の諸機、浄土の定散の機なり」（『教行信証』信巻）と、仮を浄土門のうちでも定・散の教えであると規定した。聖道は聖者の道であり、この世で自力の修行によって悟る自力門である。特に天台宗と真言宗をいうのであろう。

定は心を凝らして雑念を払うことであり、散は悪をやめ、善を修する倫理的実践である。定・散の功徳を修し、その力によって往生の果報を得ようとする。自己の力を頼んで精神統一をしたり（定）、日常生活において種々の善行を行って（散）悟りを得ようとする。第十九願（要門）と第二十願（真門）は仮の教えであり、それ自体、真ではないであろう。念仏を中心としていても、第十九・二十願にとどまるならば、それは仮にとどまる方便の世界であろう。

三願転入における第十九・二十願は、方便としての役割を担っている。第十九願は、煩悩具足の凡夫がその煩悩のまま仏願の要法で入る門であるから要門であり、第二十願の法は真実であるが、それを修するものが自力である。

これを要門に対し真門といい、第十八願は仮を察し真実を立て弘願門を奨めている。獲心の心的過程、救済の構造を示す。

三願についてその機（教えを受ける人の精神的素質、教えを聞いて修行しうる能力）を分かち、

一、悟り得ない邪定聚の機、第十九願

二、いずれとも定めがたい不定聚の機、第二十願

三、教えを受けて必ず悟りを開く正定聚の機、第十八願

と差異を立てる。

第十九願は双樹林下往生《そうじゅりんげ》（釈尊が沙羅双樹の下で往生したので、この現実の娑婆で往生の素懐を

遂げる姿、化土往生の姿の象徴）である。

第二十願の往生は難思《なんし》往生（名号は他力の名号であるが、これを称える機に自力の信が混じるから難思という）。

第十八願は難思議《なんしぎ》往生（他力によって報土に往生するのは思議し難い）である。

第十九願を主に説いたのは『観無量寿経』、第二十願は『阿弥陀経』、第十八願は『無量寿経』である。これによって獲信の過程が示されている。これは親鸞聖人の判定であり、三願・三経・三機三往生と分類組織して「三三の法門」と呼んでいる。親鸞聖人は、第十九願を「至心発願の願」、第二十願を「至心廻向の願」、第十八願を「至心信楽《しんぎょう》の願」と名づけた。

第十九願はこの世の苦を悩んだ者であり、苦のない理想を追い求める人間であろう。浄土に憧れ浄土に住まいたいと望む心を決断せしめる浄土願生の決断の心であり、まごころである。

聖道門に見切りをつけ浄土門に救いを求める。しかし第十九願では到底救われ難い。「よく自ら己が能を思量せよ」。第二十願は名号を聞いて往生したいと一心に願い、称名すれば往生できるという。親鸞聖人はこの願を「至心廻向の願」と呼ぶ。思いを廻らせて浄土往生の一道に向かう。

阿弥陀仏の浄土に往生しようと願う往相廻向（浄土往生のすがた）、それに還相廻向の二廻向がある。一旦浄土に生まれた後、さらにこの世に還来して衆生を教化し浄土へ向かわしめようとする還来穢土の姿が還相廻向である。

阿弥陀仏の衆生に対する他力の救いの働きが摂取不捨の働きである。私の全身全霊を捧げる帰命無量寿如来によって——帰命は本願招喚の勅命なり——、本願の呼び声により選択本願の信が決定し不退転の位に住することができる。

念仏を進めている第十八願（王本願）に遭遇し、至心信楽《しんぎょう》、至心歓喜の人生行路の宗教的段階に辿り着く。

	三門	三願	三経	三機	三往生		
仮	要門	十九願	観無量寿経	邪定聚	双樹林下往生	自力	発願
仮	真門	二十願	阿弥陀経	不定聚	難思往生	半自力半他力	廻向
真	弘願	十八願	無量寿経	正定聚	難思議往生	他力	信楽

（星野元豊「教行信証の思想と内容」『親鸞』岩波書店、五四一頁、参照）

六法五願

親鸞聖人の五願開示に対して、善導・法然の釈風のことを一願建立という。阿弥陀仏の四十八願中、ただ一つ第十八願に基づいて法門を立てることである。

第十八願は六八弘誓、六八の願ともいい、衆生救済の根本の願（本願）であるから、本願のなかの王、王本願といい、他の四十七願を欣慕の願とする。

これに対して五願開示（五願建立ともいう）は、第十八願の念仏往生を開いて、行は第十七願（真実行を誓った願い）、信は第十八願（真実信を誓った願い）を、証は第十一願（真実証を誓った願い）、真仏土は第十二願（光明無量）、第十三願（寿命無量）の五願により法門を立てる。

第十三願を、親鸞聖人は真仏身土を誓う願とする。『教行信証』の真実の教・行・信・証・真仏土・化身土を六法といい、これを弥陀の四十八願のうち五願に配当して、五願六法という。

教は別に願に配しないが、第十七願におさまり、行は真実の行、第十七願の名行、真実の信は第十八願の三信、真実の証は第十一願に誓われる。証果である真仏真土は第十二願の光明無量、第十三願の寿命無量の願によって成就されることをいう。

親鸞聖人は願を真・仮（真実と方便）に分け、往相廻向に真実の教・行・信・証の四法を立てる。真実の教えは本願を宗とし名号を体とする『大無量寿経』である。真実の行は第十七願、真実の信は第十八願、真実の証は第十一願に誓われるとし、四法三願とした。また、四法の根源であり真実の証の内容なので、真仏と真土は第十二・十三願に基づくとして六法五願とした。

ここに六法五願の親鸞教学の特色があろう。

三願転入の論理

「化身土巻」に有名な三願転入の一節は、ご自身の体験告白であり、相当な重要性を持っている。

親鸞聖人がどうして信仰に入り、どうして流罪になったか。

親鸞聖人は、法然上人のもとで信心獲得《ぎゃくとく》せられた。「雑行を棄てて本願に帰す」と直筆して宗教生活を記録している。初心を忘れず宗教経験が一貫している。雑行を棄てて法然上人のところへ行かれた心境が明らかである。

聖人の生涯について見てみよう。

㈠父母との死別
㈡一家全員の出家
㈢求道者として志が得られなかった叡山の生活
㈣承元の法難
㈤元仁元年よりの念仏者への弾圧事件
など、時代社会の悲劇と関連している。
聖人は第十九・二十願の「方便」から第十八願の真実へと移り進む過程を述べ、如来の大悲方便の導きを信仰告白している。
「化身土巻」には、
以上のようなわけであるから、愚禿《ぐとく》親鸞は天親《てんじん》の『浄土論』の解義《げぎ》を仰ぎ、善導《ぜんどう》大師などの熱烈な勧化《かんげ》によって、万行諸善（念仏以外の一切の善い行い）の仮門（方便の教え、自力でもろもろの功徳を修して往生しようとする生き方）の第十九願から出て、その結果としての第十九願の行者が方便化土に往生する双樹林下《そうじゅりんげ》の往生を見捨てることにした。このようにして善本徳本（悟りのもととなる善根《ぜんごん》功徳）の名号を善根とする真門の第二十願に入り、難思往生《なんしおうじょう》の半自力半他力の心を発した次第である。

だが、このように第十九願から第二十願に転入した自分は、仏の大悲によって方便仮門である第二十願を出て、選択本願《せんちゃくほんがん》であるところの第十八願に転入するようになった。すみやかに誠に難思往生の心を離れて、凡夫の言説思慮の及ぶところでない他力廻向の信心によって、阿弥陀仏の真実報土に往生することができる難思議往生《なんしぎおうじょう》の真証を遂げようと願ったわけである。目的を成し遂げようという誓いは、誠に理由のあることである。

自督（自分の了解したところ）　こういうわけで、久しく他力本願海に入って、仏恩が限りなくかつ重いことを深く知るにいたった。至徳に報いたてまつるために、浄土真宗の約《つづ》めた要点と思われる文類を集めて、いつも不可思議な徳海を称念しようと思う。いよいよ深くこの本願をよろこび、特にこの教えをいただく次第である。

㈠仮門要門……七祖の論釈に導かれて聖道の教を捨て浄土往生の諸行を修める。定善・散善を懸命に行ずる。

㈡真　門……万行をさしおき自力の称名につとめ、真門の方便を出て選択の願海に転入する。

㈢弘　願　門……ついに自力の心をひるがえして他力の本願を信ずるにいたった。すべて善巧方便の仏恩によるとする。

この㈠㈡㈢へ「移り入る」転入の論理が三願転入であろう。宗教的精神の自己超克の過程を語る。

㈠の万行諸善の仮門は、諸行往生の浄土教であり、双樹林下の往生、観経往生、第十九願である定善・散善を懸命に行ずる。観想の立場であろう。

㈡善本徳本の真門は、第二十願の専修念仏である。

㈢自力の心をひるがえして廻心雑行を棄てて本願に帰す。法然上人の教えへの帰依は、第十八願（本願）への帰入である。吉水入室の感激、よき師との出会いである。

親鸞聖人は、法然上人に出会うまで、比叡山の常行三昧堂で不断念仏を行ずる堂僧をしていた。この段階の念仏三昧は第十九願の段階と考えられる。菩提心を発しもろもろの善根功徳を修して浄土往生を願うという求道の態度であろう。

その後、善本徳本の名号を専修する第十九願の段階から第二十願の段階へ転入する。古来より諸説があるが、この時期は法然上人に出会って、専修念仏の教えを初めて聞いた時と考えられている。比叡山を下りて六角堂に参籠し、その九十五日目、聖徳太子の示現によって法然上人に巡り合う時期である。それからまた百カ日、雨の日も風の日も通い、師の教えを拝聴し、第二十願の段階から第十八願の段階へ深化し転入し、「雑行を棄てて本願に帰す」との宗教的境地に達する。

二十九歳の時、精神的転機、宗教的生が始まる。法然上人と親鸞聖人の年齢差は四十歳であった。巡り合った時、法然上人はすでに齢《よわい》六十九であった。

偏依善導の専修念仏に帰してから二十六年が経過し、門弟が育ちつつあった。親鸞聖人は二十九歳の求道者であった。弟子の親鸞聖人に法然上人は『選択集』の書写を許し、釈綽空の名を書き、また自らの肖像の図写を許した。『教行信証』後序に「これ専修正業の徳なり、これ決定往生の徴なり」と、師との知遇に感激の念がうかがえる。

教行信証著述の理由

親鸞集の『顕浄土真実教行証文類』は、全六巻よりなる漢文体の主著である。教・行・信・証・真仏土・化身土の六巻は、浄土真実を明らかにするため、経論釈の要文を類聚し、自釈をはさみ、「本典」「広文類」などと略称され、根本聖典として仰がれている。書名は、往生浄土の真実の教法と行業と証悟とを顕す経・論・釈の要門の類集という意味である。

著述の理由を考察するに、四つあると思われる。
一、親鸞聖人は若き日より生涯の宗教的課題として「生死いずべき道」を探究し思索してきた。いかにして生死度脱は可能か。親鸞聖人は、求道者としてこの人生の宗教的テーマに真摯に取り組み、その叡智を求めた。

本願力にあひぬれば
むなしくすぐる人ぞなき
功徳の宝海みち〳〵て
煩悩の濁水へだてなし
如来浄華の聖衆は
正覚のはなより化生して
衆生の願楽《ぎょう》こと〴〵く
すみやかにとく満足す（『高僧和讃』天親菩薩）

弥陀の本願力を信ずれば、むなしく生死を流転する者はなく、本願力によって如来の清浄華から生まれる聖衆は同一に念仏して弥陀と同一の悟りを得、衆生の全ての希求が速やかに満足するという宗教的覚醒（本願）に遭遇し得たのである。

弘誓のちからをかぶらずは
いづれのときにか娑婆をいでん
仏恩ふかくおもひつゝ
つねに弥陀を念ずべし（善導大師）

弥陀の本願信ずべし
本願信ずるひとはみな
摂取不捨の利益にて
無上覚をばさとるなり（『正像末和讃』一二五七年　親鸞八十五歳）

生死度脱の智慧として、この正覚本願の智慧に目覚めた。たんなるこの覚醒で終われば、親鸞聖人は羅漢道であり大乗至極の教えの宗教的覚醒（悟り）にはいたらない。自信教人信の自信の人生行路の着地点であろう。

如来の作願をたづぬれば
苦悩の有情をすてずして
廻向を首としたまひて
大悲心をば成就せり（『正像末和讃』）

二、弥陀如来が因位に本願をたてられた本意を尋ねてみると、苦悩するあらゆる衆生を捨てられないでこの衆生に功徳を施すことを第一目的とされて大悲心（苦を抜き楽を与える心）を成就せられた。ここにすなわち利他、衆生済度の心、還相廻向の念仏道展開の目醒めがあろう。そして、

三、弥陀の名号をとなへつつ

信心まことにうるひとは
憶念の心つねにして
仏恩報ずるおもひあり（『浄土和讃』）

弥陀の名号「南無阿弥陀仏」を称え、「無量寿」「無量光」に帰依し、仏のまことの心「本願」を疑いなく信じ、絶えず心に仏の本願を保って忘れぬ人は、仏恩を報ずる思いが持続する。この仏恩報謝・報恩謝徳の心から、『教行信証』論述の構想が企画されたと考えられる。

四、もう一つ大切な視点に、法難・弾圧という社会問題が存在する。

弾圧は、新たな宗教に危機感を抱いた、時の政治権力や強大な既成宗教勢力が、明白な抑圧の意志をもって行う迫害行為である。法難は、教えが正しいのに弾圧を受けたことを

表現するために用いる場合が多い。

法然門下の浄土教法難は、元久の法難、建永の法難、法然滅後の嘉禄の三法難とされている。

㈠元久の法難

元久元（一二〇四）年、延暦寺の衆徒が専修念仏の停止を天台座主・真性に訴える。法然上人は一九〇名に署名させ「七箇条起請文」を法蓮坊信空に筆写させ、真性に提出した。これによって比叡山の不満はとりあえず沈静化した。これが元久の法難である。

南都興福寺の衆徒は翌年十月、念仏禁断を訴えるため、貞慶が起草した九カ条からなる「興福寺奏状」をもって後鳥羽上皇に訴える。朝廷は翌建永元（一二〇六）年、興福寺から指名された行空と遵西を処罰している。

興福寺の念仏停止の動きは続く。

㈡建永の法難

建永元年十二月、後鳥羽上皇に仕える女房、松虫・鈴虫の二人が、上皇の熊野参詣中、東谷鹿ヶ谷の別時念仏の折に出家してしまった。このことに端を発し、翌二年二月九日、住蓮《じゅうれん》、安楽《あんらく》の二名は六条河原において死罪、法然上人は藤井元彦の流罪名で四国遠流が決定した。親鸞聖人は越後ご流罪であった。

法然上人と親鸞聖人は、日本の歴史上最も著名な仏教者である。それぞれ浄土宗の開祖、浄土真宗の御開山聖人と、今日も大勢の人々に崇敬され、教えや信仰の論理が語られ論述されることが多い。

両祖師には四十歳の年齢差があり、命をともにする一蓮托生の師弟関係にあり、親鸞聖人は大著『顕浄土真実教行証文類』(六巻)に、よき師に対して絶対帰依の心、信仰の姿勢を告白し、宗教的実存の信念、絆を語る。

二十九歳の時、親鸞聖人が法然上人に遭遇せず、『選択本願念仏集』の書写が許されず、本願の浄土仏教に帰依することがなかったならば、その後の日本の歴史やサンガ形成に大きく影響を与えたに違いない二人の宗教者のことを思うと、両聖《ひじり》の出会いは、注目に値する歴史的に重要な出来事に違いないであろう。

法然上人には、一願建立・一宗一派設立の願いがあり、親鸞聖人はどこまでも法然門弟として浄土真実の教えを貫き人生行路を進める。五年間のご流罪という悲惨な法難も師弟ともに経験する。

両祖師についての著述は今日数多く存在し、一般的には浄土宗の法然上人、浄土真宗の親鸞聖人として扱われ、『選択本願念仏集』に啓発を受けて本願に帰依し、念仏の心を相承し、さらに念仏道の真髄を究め自らの了解を体系づけた親鸞聖人、師法然上人とともに生きた「共生の視座」が充分ではなかったように思える。

親鸞聖人が一人独覚として悟り、真実に覚醒したわけではないであろう。そこには「よき師の存在」があり「師教の厚恩」がある。晩年にも『選択本願念仏集』や法然の遺文集『西方指南抄』『三部経大意』を書写し、真意を確認し、聖教を座右の銘とし、『正像末和讃』『唯信抄文意』『一念多念文意』の筆を執る八十四歳の親鸞聖人の姿も思い浮かぶ。

親鸞聖人の信仰体系の特色を見る上においても『選択本願念仏集』を再読し、法然上人と親鸞聖人の念仏信仰、つまり専修念仏、弥陀一仏信仰の真髄を究めてみたいと願う視座の大切さが筆者の心に今響く。

『顕浄土真実教行証文類』。この摩訶不思議な十字の書名の冠頭の「顕」の一文字に注目してみると、著述のこころが知らされるであろう。

叡山、興福寺の旧仏教から度重なる執拗な弾圧に遭い、法難、ご流罪を経験し、真実の仏教不在の世、民衆の救いのない末世を歎き、七祖伝来の真実の浄土仏教にて民衆済度を願う親鸞聖人の心が伺えよう。

「化身土巻」の後序には、三十五歳で越後国分寺へ流罪となった親鸞聖人の現実生活の点描が見られる。

宮本正尊先生（筆者の恩師）は、この後序を「親鸞の自伝」であると自釈を語る。（『印度学仏教学研究』第十八巻第二号、昭和四十五年「教行信証の基本構造自釈、文類自伝」）

ひそかに思いをめぐらすと、聖道の諸々の教えは証果が久しく得られず、それはもう衰えて名ばかりになっている。ところが浄土の真宗他力易行の教えは今日ますます盛大になっている。南都北嶺の諸大寺の僧侶たちは、釈尊の教えにくらく道理を知らないために、浄土門は真実、聖道門は権仮方便の教えであることを知らずにいる。京都の知識階級・上層階級の国家権力に深くかかわる人々が、何が邪偽であり何が正しいか、既成仏教界全体が仏教の真実性がいずれにあるか知らない。このようなわけだから、興福寺の学僧たちが承元六年四月上旬、太上天皇（後鳥羽院）ならびに今上天皇（土御門院）に奏上し、念仏禁止を訴えるようになった。上の者も下の者も、天下の大法にそむき、正義にたがい、おこって怨みを結び、無法学徒達の訴えを受け入れて、とうとう浄土真宗を初めて日本に興した源空聖人をはじめ門徒数名は死罪に問われ、僧侶の資格を奪い取られ、あるいは遠流となった。私親鸞もその一人である。そこで破戒僧の異名である禿の字をとって自分の姓とした。僧侶でもなくさりとて俗人でもない、非僧非俗の身である。源空とその弟子たちはそれぞれ遠くに流罪となり、五年の年月がたった。

こうして順徳天皇の御代、建暦元年十一月中旬、源空聖人は勅命によって赦免ご帰洛となり、その後は京都の東山の鳥辺野の北、大谷にお住まいになった。同二年正月二十五日午時に御入滅になった。

この親鸞聖人自伝の後書きは、浄土仏教の法難と当時の既成仏教界がよく理解できるであろう。聖道仏教が衰頽し念仏易行の道が盛んになりつつあり、民衆に浸透、支持され盛んなことを、確信をもって述べられている。

法然上人の教えは『選択集』に結集されていて、念仏奥義により最も大事な実践内容を明らかにし、善導などの浄土教諸祖の教えによってその教法をうける法縁にあうことができたと感激している。

ここに『教行信証』を著し、重要な真実の教・行・信・証を明らかにしたので、信ずる、あるいは疑い罵《ののし》るにしても、それを因縁として念仏の法に生きていただきたい。

親鸞聖人は、法然上人への入門の経緯、念仏迫害・流罪のことなどを記述し、念仏の法を浮かび上がらせる。

親鸞聖人は当時の仏教界全体が真実の仏教（仏教の真髄）を知らず、京都の知識階級・上層階級といった国家権力に深くかかわる人々が、何が正しく何が邪偽か明確に弁別できない。それがゆえに笠置の貞慶（一一五五～一二一三）が興福寺の学徒を代表して元久二年十月に『興福寺奏状』を起草し、太上天皇後鳥羽上皇へ上奏、承元元（一二〇七）年、法然上人一門の処罰を請うた奏状によって死罪・流罪事件となったと記している。朝廷では評議を重ねたが、結局、南都側の要求を容れて法然上人一門の処罰を決行した。親鸞聖人がこれに対していかに強い抗議の意を表明し、その思いを永く心に留めていたかは、この聖人自筆の文章の一節により知ることができるが、流罪のために強制的に還俗させられたのである。法然上人は藤井元彦、親鸞聖人は藤井善信と名乗ることになり、僧に非ず俗に非ず、愚禿釈の親鸞として愚禿の禿の字を以て姓とした。（『親鸞』日本思想体系、岩波書店、四六二～四六三頁参照）

解脱房貞慶起草の『興福寺奏状』は九カ条にわたり、

一、新宗を立つる失……既成の八宗は勅許を受け開宗したが、勝手に浄土宗と号している

二、新像を図する失……念仏者のみを救いその他の修行者は救わない、摂取不捨曼荼羅を画いている
三、釈尊を軽んずる失……阿弥陀一仏を重視し、釈迦を軽視している
四、万善を妨ぐる失……経典の読誦などの行を捨て、造塔造仏などの功徳を侮蔑している
五、霊神に背く失……宗廟大社を憚らず、神も拝まない
六、浄土に暗き失……浄土教の先達は諸行往生を許しているが、専修念仏者はこれを認めていない
七、念仏を誤る失……すぐれた観念・心念の念仏を否定し、劣った口称念仏のみをとっている
八、釈衆を損ずる失……賭博・女犯《にょぼん》・肉食《にくじき》などの破戒をすすめている
九、国土を乱す失……国家の礎である王法仏法の関係がこわれ、国内が乱れる恐れがある
と訴えている。（『法然事典』藤井正雄編、東京堂出版、九四頁参照）
貞慶は法相宗の学僧で、朝廷では解脱上人と諡した。十歳で出家・受戒、興福寺に二十

年余り住し、その後、山城の笠置寺に入った。律を持すること堅く、警誡十一条「儀観鈔」を作り律した人である。海住山寺で五十九歳で寂したが、『唯識同学鈔』六十二巻があり、兄弟四人はみな僧侶である。弟子には覚遍、円玄、良算、璋円などがいる。法相宗唯識の大学者であるといっても過言ではあるまい。

興福寺はこの貞慶奏状によって専修念仏の停止と法然周辺の念仏者の処罰を要求したのである。

法然上人滅後も念仏運動は拡大の一途を辿り、建保五（一二一七）年以降、七年間にわたって念仏禁令が出されている。法然上人滅後十五年目に当たる嘉禄三（一二二七）年六月には、延暦寺衆徒による大谷の法然上人の墳墓の破却未遂事件が起こった。嘉禄の法難である。竝榎の竪者定照は念仏が広まることを妬み『弾選択』を著し隆寛に送ったところ、隆寛は『顕選択』を著して論破した。これに憤った定照が山門衆徒を扇動したが、京都の守護平時氏が西仏を送りこの破却を未然に防いだ。遺骨の改葬は信空と良快によって計画され、宇都宮入道蓮生に守護されて嵯峨に安置され、次いで広隆寺円空のもとへ移された。同年七月、隆寛・空阿・幸西は、それぞれ陸奥・薩摩・壱岐へと配流され、直後、聖道門を破し戒を守らぬ専修念仏の停止の宣旨が出された。

これらの法難は執拗に続く。

明恵高弁（一一七三～一二三二）は、京都栂尾《とがのお》に高山寺を建立し、華厳宗の中興といわれ、旧仏教の復興につとめた人である。『選択集』を読んだ高弁は『無量寿経』『観無量寿経』の浄土経典をはじめ、曇鸞・善導などの浄土列祖の所説を引きながら、建暦二（一二一二）年十一月二十三日に『選択集』に説くところを邪輪にたとえ、それを破摧するという『摧邪輪』を著した。法然上人の所説に対して十三の過失をあげた。その要点は、一、大乗仏教で重要視する菩提心《ぼだいしん》を雑行として、浄土往生には不要なものとしていること。二、聖道門を群賊にたとえていることである。

明恵高弁が『摧邪輪』を撰述した翌年建保元（一二一三）年六月に『摧邪輪荘厳記』を著し、重ねて『選択集』の所説を非難した。『摧邪輪』で指摘した十三の点に加えて、摂取不捨の言葉の理解を誤った過失、念仏をもって本願と名づけ『観無量寿経』の説不説を誤って理解している過失、十声十念の意味を誤って理解している過失の三つを加えた。

浄土宗側からも多くの反論書が出た。直接の反論ではないが、弁長の『徹選択集』に見られる聖道・浄土の二種菩提心や、良忠の『観経疏伝通記』に菩提心を総安心のなかに収めたことなどは、『摧邪輪』を意識している。

法然上人に猛烈な攻撃を加えた明恵は、日ごろから学問に優れ、戒律を守る華厳宗の高僧であった。明恵は『摧邪輪』を著し訴える。

ここに近代、上人あり、一巻の書を作る。名づけて選択本願念仏集と曰ふ。経論に迷惑して（迷い）、諸人を欺誑《ぎきょう》せり。往生の行を以て宗とすと雖も、反《かえ》って往生の行を妨礙《ぼうげ》（妨げ）せり。高弁（明恵のこと）、年来、聖人（法然のこと）において、深く仰信《ごうしん》を懐《いだ》けり。聞ゆるところの種々の邪見は、在家の男女等、上人の高名を仮（借）りて、妄説するところなりとおもひき。未だ一言《いちごん》を出しても、上人を誹謗せず。たとひ他人の談説を聞くと雖も、未だ必ずしもこれを信用せず。しかるに、近日この選択集を披閲するに、悲嘆甚だ深し。（中略）仍《よ》って或る処において講経説法の次《ついで》に、二の難を出して、かの書を破す。一は、菩提心を撥去《はっきょ》する過失。二は、聖道門を以て群賊に譬《たと》ふる過失。（日本思想体系『鎌倉旧仏教』岩波書店、四四～四五頁参照）

明恵の法然上人批判は二点あった。第一は「菩提心」を除き去るという誤りを犯していること、第二は「聖道門」を「群賊」に譬えるという誤りをしていること。「菩提心」とは悟りへ向かう心、悟りを得たいと願う心であり、修行の最初の出発点である。大乗仏教では、悟りを求めて世の人を救おうと願う心である。法然上人は「凡夫」が往生するためには、それすらも不要としたと批判する。「聖道門」とは、法然上人の「本願念仏」以外の教えである。『選択本願念仏集』では「二河白道の譬喩」において「聖道門」を「群賊」に譬えた。

この『摧邪輪』に反論したのが、法然上人の弟子、親鸞聖人であった。親鸞聖人の主著『教行信証』は、『摧邪輪』を念頭において執筆されたという。『顕浄土真実教行証文類』の冠題の一文字「顕」は、定照の『弾選択』に対する題である。隆寛の『顕選択』の顕の文字と同じく、親鸞聖人のその意図は、法然上人の「本願念仏」が、大乗仏教の本道にあることを、師匠の法然上人に倍する文献を駆使して証明しようとしたのである。

「本願念仏」は、度重なる弾圧にもかかわらず、国家権力や貴族の庇護とは無関係に、中世社会の民衆すみずみに浸透していった。民衆に支持されたからであろう。

第二項　不来迎平生業成の信仰

死に臨んで心乱れず往生を信じて疑わないことができれば、なんと喜ばしいことか。来迎往生思想は、念仏行者の臨終の時に阿弥陀仏がもろもろの聖衆とともに行者の前に来たり迎え取るという信仰である。

浄土三部経の『無量寿経』巻上、四十八願の第十九願に「寿終《じゅじゅう》の時に臨んで、もし大衆のために囲繞《いにょう》せられて其人の前に現ぜずば正覚を取らじ」とあり、第十九願は臨終現前《げんぜん》の願、現前導生《どうしょう》の願、来迎引接《らいごういんじょう》の願ともいわれている。『観無量寿経』九品《くぼん》段には、上品《じょうぼん》・中品《ちゅうぼん》・下品《げぼん》の九品往生にそれぞれの来迎のさまを示し、来迎引接の相を説いている。また『阿弥陀経』には、

若し善男子善女人あって阿弥陀仏を説くを聞いて名号を執持すること、若しは一日……七日、一心不乱なれば、其人命終の時に臨んで、阿弥陀仏、諸々の聖衆とともに現に其の前に在す。是の人命終る時心傾倒せず、即ち阿弥陀仏の極楽国土に往生することを得。

と説き、それぞれの行者を臨終時に来迎引接して極楽世界に往生せしめるという趣旨の文が見られる。

命の終わるとき、邪念を起こすことなく迷いを断って悟りの智慧を得る。臨終にも極楽往生を正しく念じている。まさに命が終わろうとするとき、妄念を鎮めて安らかな気持ちで仏の来迎を待つ「臨終正念往生極楽」臨終業成の人生観でもある。

臨終にいたって初めて浄土に生まれることが完成すると説く。これは浄土教一般の願望・信仰であり、いわゆる来迎引接である。西方浄土に往生するのを願う人の臨終に阿弥陀仏が聖衆とともに浄土に迎え取る迎接《ごうじょう》であろう。

念仏の行者が臨終の際に阿弥陀三尊が二十五人の菩薩とともに白雲に乗り、その死者を迎えに来て極楽に引き取る。それによって浄土に赴くという、いわゆる来迎思想を語る。阿弥陀仏の救済のはたらきとしての来迎である。

親鸞聖人は、不来迎《ふらいごう》の思想にて来迎を待ち頼まない。念仏の行者はすでに救われているから、と語る。「真実信心の行者は、摂取不捨のゆへに正定聚のくらいに住す。このゆへに臨終まつことなし。来迎をたのむことなし」(『末灯鈔』)と、来迎を頼まぬ正定聚の位を語る。

日常の生活のうちに浄土に往生しうるための因は定まっている。平常のときにおいて浄土に生まれる業が成立し終わっている。だから臨終を待たず平生において帰命の一念、念仏を申さんと思い立つ心の起こるとき、たちどころに即得往生、住不退転となる。したがって、平生の生活において阿弥陀仏の誓いを信ずることによって、すでに救いが約束されると、不来迎の談、平生業成の義を語る。ここに親鸞聖人の思想の特色があろう。

正定聚不退の位に住し、正定の業（行い）の人は必ず救われる。往生の正因と定められた行業、すなわち阿弥陀仏の名号を称え念仏の一行のみの弥陀の本願に順ずる道理をもって決定の義に定まる。不来迎の談、平生業成の思想である。

第三項　報恩謝徳の心と二双四重の教判

報恩謝徳は日本人の大切な心であろう。「ありがとう」という心である。恩は、恩恵、恩義、謝恩などで知られている。

父母には養育のご恩がある。人々の深い愛情によって私たちはお育ていただき一人前となったが、時々一人で大きくなったと勘違いすることがある。

恩を受けても報いることを知らない人もいる。恩きせがましいのは、恩を施したことを相手にありがたく思わせるような言動を取る人では敬遠されるであろうが、自ら恩を受けたのをありがたく感謝する心情は大切である。恩返しをしないばかりか、かえって仇をもって報いる「恩を仇で返す人」が氾濫する、狼藉の人間が見られる好ましくない今日の世相であるが、日本人の心の一頁には「恩」の字は喪失してしまったのであろうか。報恩謝徳の思い、知恩報恩の心を大切に暮らす感謝の生活をおくりたいものである。

私たちすべての人間がこの世で受ける四種の恩がある。「恩に四種あり、一に父母の恩、二に衆生の恩、三に国王の恩、四に三宝の恩、是の如き四恩は、一切衆生平等に荷負す」（『大乗本生心地経』巻二、大正蔵三巻、二九七頁上）とあり、すべての人間が平等に受ける四種の恩を語る。
一、父母の恩
父や母が慈しんでくれた恩、慈恩がある。祖師たちが正法を綿々と伝持してきたおかげ、大慈悲の阿弥陀仏の恵み、それにより救われる恩があろう。
二、衆生の恩
衆生とは特に世の人々をいう。衆生は必ず死す。死して必ず土に還る宿命にあるが、世の衆（人々）から受けている恩がある。私たちは一人では生きてゆけぬ。いろいろな方のお世話になる。人々の御恩である。
三、国王の恩
国王は国を支配する王、国の統治者であるが、国恩は、個人が国家社会から受け取る恩である。

仏教は、インド、マウリヤ王朝のアショーカ王の治世（紀元前二六八〜前二三二）に国家の指導理念となった。仏教の法（dharma）による国家の指導理念は全インドを風靡し、海外まで及んだ。仏教教団の超国家的性格、原始仏教の国家を超越した態度は南方仏教に伝わり、タイ、ミャンマー、スリランカなど仏教国において、仏教は国教や準国教として国家権力を凌ぐほどの力をもっている。

タイ国では憲法第一章第四条に「皇帝は仏教の信者にしてかつ宗教の擁護者たるべし」と明記されている。

わが国では、仏教は最初から国家権力と結びついて発達し、貴族仏教、国家仏教として発展し、天台宗、真言宗や奈良の諸宗でもその性格は強かった。

鎌倉時代では禅の仏教、親鸞、日蓮の仏教が盛んになり、国家と宗教との新しい関係が生じた。道元禅師は中国の禅を学んで国家超越主義に徹し、朝廷からの特権も受けず、時の政権にも妥協せず、越前（福井県）の山奥にて、すぐれた禅者の育成にのみ専念した。

親鸞聖人は、越後御流罪後関東に二十年間滞在し、庶民のための仏教に徹して国家に隷属しなかった。日蓮上人も生命の危険を顧みず国家権力に反抗したほどの反骨の持ち主であり、どちらかというと民族主義者であった。よりよき国家実現のため力を尽くした。

戦国時代、今の大阪城のある地にあった石山本願寺は織田信長に抗した。今日すべての教団が反骨精神をなくし、権力に服従するかのごとく見える現代民主主義社会であるが、護国思想、国家の恩恵は誰の心にもあろう。

四、三宝の恩

三つの宝、仏・法・僧である。仏（Buddha）は菩提樹下で悟りを開いた人、仏教の創始者であり、梵天勧請のお蔭によってその教え（dharma）を弘めた。仏・法・僧の三宝に帰依することは、仏教徒としての根本条件であるといえる。

今日あるのは誰のお蔭か。そこに報恩の思想が登場するであろう。

大悲を伝えて普く化する、真に仏恩を報ずるに成る。（『礼讃』）

如来大悲の恩徳は
　身を粉にしても報ずべし
　師主知識の恩徳も
　骨をくだきても謝すべし（『正像末和讃』）

雑修自力の人は報恩の心に欠ける。称名念仏こそ大悲弘誓の恩を報ずることになり、信心の生活は、報恩、報謝の念仏のある生活であるという。
覚如の『報恩講式』（報恩講私記）は、親鸞聖人を阿弥陀如来の応現と讃えている。法然上人の門弟は師の忌日に知恩講を営んでいた。親鸞聖人の教団では法然上人の忌日に念仏聞法の集会が行われ、親鸞聖人の入滅後は聖人の忌日に行われるようになり、覚如が『報恩講式』を著してからは「御報恩念仏会」が開かれ、御正忌報恩講として末寺道場に普及した。

日本人の信仰生活には、身近な仏の菩提を弔うために年忌法要、祥月命日、月忌などが行われており、信仰心を深める聞思の道のご縁となっている。一家の現存者以前として、仏壇に祀ってある祖先の遺徳を讃えて崇敬・合掌することも大切であろう。

菩提心は、経典では「阿《あ》耨《のく》多《た》羅《ら》三《さん》藐《みゃく》三《さん》菩《ぼ》提《だい》心」と記される道心である。仏果を求め悟りの智慧を起こすのが発菩提心（発心）である。

曇鸞和尚は「願作仏心度衆生心」といい、道綽禅師は「浄土に往生せんと欲はばかならず発菩提心をもちいるを源とす」（『大経』）といい、法然上人は「浄土宗の心は浄土にむまれんとねがふを菩提心といふ」（『和語灯録』）といい、親鸞聖人は、

- 菩提心
  - 竪
    - 竪超　聖道門の権実、顕密、大小の教えにあかす歴劫迂廻の菩提心
    - 竪出　自力の金剛心、菩薩の大心
  - 横
    - 横超　願力廻向の信楽、願作仏心・度衆生心
      横の大菩提心、横超の金剛心となづく
    - 横出　正雑、定散、他力の中の自力の菩提心

浄土の大菩提心は
　願作仏心をすすめしむ
すなわち願作仏心を
　度衆生心となづけたり（『正像末和讃』）

と、曇鸞和尚の『論註』と同じ『大経』の三輩文に基づいている。すなわち釈尊一代の教えは二双に分類されるという。

一、聖道門　竪出《しゅしゅつ》竪超《しゅちょう》、竪《たて》、方便

竪出……信仰に基づく全教典の評価体系において、自力聖道門のうち漸教、段階的に高

次の宗教的立場に導く教えであり、長期間の修行により段々に悟りを得る教法である。釈尊が人々の機根に応じて漸次に導いていくために設けられた教えである。

竪超……自力聖道門、即身成仏、即身是仏を説く華厳宗・天台宗・密教・禅宗などの実大乗は自力教であり、自力によって直ちに悟ることを説く教えであるから、竪出竪超（「じゅしゅつ・じゅちょう」とも読む）という。

方便の教えである。真実に裏づけられ、また真実の世界へ導く手立て、真実の教えに導くために仮に設けた法門である。衆生を救済し悟りへ導くための一時の手立てとして説かれた教えであり、他として悟らしめるための手段である。

二、浄土門　横出横超《おうしゅつおうちょう》

横出……親鸞聖人の教判による二双四重の一つで、他力浄土門の中の漸教《ぜんきょう》を指し、諸善を修行して阿弥陀仏の方便化土に往生することをいう。他力に依りながらも、なお自力を用いて化土に往生する。

横超……よこさまに迷いの世界を超えしめる。本願他力によって速やかに涅槃を得る他力浄土門（横）のなかの頓教《とんきょう》（超）のこと。頓は速やかにの意味である。一定の段階を踏まず、直接的・飛躍的に高い宗教的立場を説く教え。釈尊が悟った直後の境地を直に（頓）

説いた教えである。漸進誘引の方法を用いないで端的に大乗の深い道理を説く。いっぺんに悟る。

頓教は、次第を経ずに速やかに悟りに到達する教えである。説法の形式は初めからいきなり深い内容を説く。

漸教は、順序を踏んで漸進的に長いあいだの修行によって悟りを得る。浅い内容から漸次に深い内容へと説き進める説き方である。

『愚禿鈔』上の最初には、釈尊一代の仏教を明らかにする横超（真宗）竪超（天台、真言、禅など）竪出（法相など）横出（浄土要門）の二双四重の教判は、竪出竪超の聖道門、横出の浄土要門を捨て、横超浄土真宗の唯一絶対法に帰入すべく勧める。

第三節　晩年の親鸞聖人

第一項　自然法爾

年老いた親鸞聖人は晩年、「日々是好日《にちにちこれこうじつ》」（その日その日が全てみなめでたいよい日である）という心境であったであろうか。九十歳で人生の幕を閉じた親鸞聖人の長寿なご生涯にあって、晩年どのような宗教的境地で過ごしていらしたであろうか。

生物的機能が役に立たず、目が見えず耳が聞こえぬ老化現象が訪れ、残存機能の低下が目立つ「老病死の人生行路」にあって、老いて死するという、避けて通れぬ人生の終焉を聖人は自覚していらした。命終を現前にし、いつ死してよいとはなかなか自認できず、最期まで師の教えと違わぬ異安心でない信仰を『西方指南抄』にて確認されたと思われる。なかなかこの娑婆も離れ難い。まんざらでもない。受け難い人身をいただき長き生涯、感慨無量の思いとともに内面の葛藤が現れたに違いないと推測できる。人生の集大成としての大切な日々であった。

親鸞聖人は正嘉二（一二五八）年十二月十四日八十六歳の時に「自然法爾の事」と法語を語っておられる。この法語は顕智が京都三条富小路善法房に親鸞聖人を尋ね聞き書きしたもので、奥書に「正嘉二歳戊午十二月日、善法房僧都御坊、三条とみのこうぢ（富小路）の御坊にて、聖人にあいまいらせてのききがき、そのとき顕智これをかくなり」との一節が付され、これは法語として口授し書写せしめたものであることがわかる。

自然というのは、自は「おのずから」といい、行者のはからいではないこと。然とは「しからしめる」という言葉である。しからしめるというのは、行者のはからいではなくて、如来の誓願によるのであるから、法爾という。法爾というのは、この如来の誓願であるがゆえにしからしめるのを、法爾というのである。法爾とは、このお誓いであったがゆえに、まったく行者のはからいをさしはさまずして、この法の徳のゆえにしからしめるというのである。すべて、人がこちらからはからいを加えないのである。だから、義なきを義とすると知るがよい、と仰せられたのである。

自然というのは、「もともとしからしめる」という言葉である。阿弥陀仏のご誓願は、もともと行者のはからいではなくて、南無阿弥陀仏と頼む者を迎えようと、仏のはからいたもうたものであるから、行者としては、よかろうとも、悪かろうとも思わないのが、自然というものであるぞ、と私は聞いている。

誓願のありようは、最高の仏となろうと誓われたのである。最高の仏というものは、形もないものであられる。形もないから、自然というのである。形があるときには、最高の涅槃とはいわない。形もないというありようを示さんがためにと、阿弥陀仏と申すのであると、私は聞き習っている。

だから、阿弥陀仏というは、自然のありようを示さんがためである。この道理を心得たからには、もはや、この自然のことは、あれこれと思い量るべきではないのである。あれこれと思い量るならば、義なきを義とするということが、また義のあることになるであろう。これは、仏智の不思議というものである。

正嘉二年十二月十四日　　　　　　　　　　愚禿親鸞　八十六歳

自然は、人為を加えずにおのずからそうなっているという仏教の真理を表す言葉である。「自然といふは、行者のはからひにあらずとなり」と『尊号真像銘文』（親鸞）にある。「自然にさまざまのさとりをすなはちひらく法則なり。法則といふは、はじめて行者のはからひにあらず」と『一念多念文意』に語る。

このように行者のはからいにあらず、よかろうとも悪かろうとも思わない自然の法の徳がそのごとくにあるのを法爾といい、自力のはからいを捨てて如来の法則、如来の誓いにしたがうことであるという。

浄土往生を願い修行する人、真実信心を獲て念仏をする者は行者のはからい（思い量り考える）ではなく、あれやこれやと思い巡らし分別するのでもない。主我性を捨てて無我の境地にて阿弥陀如来の法則にしたがうことである。法則ということは、行者のはからいにあらずということ、もとより不可思議のご利益にあずかることである。念仏の行者が自然におのずから救われる決まりである。一念信心を獲る人のありさまが自然なることを表す法則である。

自然とは、天然を意味するのではなく、ひとりでに阿弥陀仏の方から救済する、法として然らしむという如来のお誓いである。本来もともとの決まりであり、法爾の道理である。人智という人間の「はからい」ではどうすることもできぬ阿弥陀如来の誓願、如来の智慧の不思議なはたらきを悟ったそのことを「義なきを義とす」というのである。人間のはからいを加えないことである。

自力、わが思いにて分別する。分別とは、心が外界を思い量り、思案を巡らすことである。「ただしい、よろしい」とするような立場を否定する他力の立場を「義（分別、はからい）なきを義（本義、義理）とす」とする。

晩年八十六歳で自然法爾を弟子に語る親鸞聖人のお言葉である。自然のことはあれこれと思い量るべきでないと「法爾」を悟ったのである。

文応元（一二六〇）年、親鸞聖人は八十八歳であった。去年から今年にかけて大飢饉と悪疫による死者が多く世の無常を現前に観じ、「信心のさだまることこそ大事である」と語る。


なによりも、去年今年、老少、男女、多くの人々が亡くなられましたことは、悲しいことです。ただし、生死の常ならぬ道理は、如来のくわしく説きおかせられたことであるから、いまさら驚いてはなりません。まず、私としては、臨終の善し悪しは口にしません。信心の定まった人は、疑いがないので、正定聚に住するのです。だからこそ、愚痴、無智の人も、その終わりは立派でありましょう。如来のおはからいによって往生するのだと、人々の申していたことに、少しも違いはありません。前々から、皆々に申しておいたことに、違いはありますまい。決して、学者ぶった沙汰はなさらないで、往生をとげられるがよいのです。

故法然聖人は、「浄土宗の人は愚者になって往生する」とおおせられたのを、たしかに承っています。のみならず、また、なにも知らぬ卑しい人々がなくなったのをご覧になっては、「かならず浄土に往生するよ」と、微笑なされたのを拝見したこともありました。また、学者ぶったことをいって、えらそうに振舞っていた人の亡くなったときには、「さて往生ができたかどうか」とおおせられたことも、たしかにうけたまわったことがあります。今になっても、そんなことが思い出されるのです。人々にだまされず、信心をたじろがせずして、おのおの浄土に往生なさるがよい。だがしかし、人にだまされなくとも、信心の定まらぬものは、心の落ち着かぬ人であって、正定聚の地位にあることは覚束ないことであります。

乗信房に、このように申したことのありようは、ほかの人々にも伝えて下さるがよい。あなかしこ、あなかしこ。

文応元年十一月十三日　善信　八十八歳

乗信御房

年代のわかる最後の消息文（乗信房宛）は、文応元（一二六〇）年十一月十三日、善信八十八歳とある。聖人の「遺言状」ともいえる、最晩年のご真筆であろう。重ねていうが、この書簡の日付のある文応元年には、親鸞聖人はもう八十八歳であった。執筆の年月の定かなもののなかでは、この書簡が最も高年のものであった。

『末灯鈔』の同文には、次のような前文がある。

往生はなにごともく〱凡夫のはからひならず、如来の御ちかひにまかせまいらせたればこそ、他力にては候へ。やうやう（さまざま）にはからひあふて候らん、おかしく候。

かつ、文末に、

二月廿五日　親鸞

乗信御房　御返事

と、日付と宛名がある。

臨終の善し悪しは口にしていません。信心の定まった人は正定聚に定まるとこの世での現生不退位の大切さを説く。

「随信御坊へ　十一月二十六日　親鸞」のお手紙には、

信心を同じくする仲間が臨終に仏が迎えに来られるのを期待しておっしゃっている

ようだが、それは私の力ではどうしようもないことである。「信心がまことになられた人は、阿弥陀仏の誓願の廻向にて念仏者を摂取して捨てず」とあるから、臨終に阿弥陀仏の来迎を待つ必要はない。まだ信心が定まっていない人は、臨終を期し来迎をお待ちになるとよい。

とある。

また、しのぶの御房宛の十月六日付のお返事（親鸞聖人のご真筆）には、

阿弥陀仏に摂取されたのですから、いずれにせよ念仏する者は自分の思慮分別を加えないようにするべきである。浄土に生まれるまでは「不退の位」に就いておられるのだから「正定聚の位」にある。……その後は「正定聚の位」にあって本当に浄土に生まれるまで過ごす。ともかくも「念仏する者の思慮分別を、塵ばかりも加えることがあってはならない」とあることこそ他力ということである。あなかしこ、あなかしこ。

親鸞（花押）

とある。

閏十月二十九日高田の入道殿への宛名のお返事は聖人八十七歳の書状と思われる。宛名の「たかだの入道」とは、下野国真壁城主、大内国時の僧名であって、高田の念仏者たち

の中心人物であったと思われる。この書簡は、覚信について、覚念なるものが往生をとげた様子を入道が報じたものに対する返事である。来年十月ごろの上京の予定も報ぜられていた。

閏十月一日の御手紙、たしかに拝見しました。覚念房のことは、なんとも不憫なことに存じます。わたくし親鸞が先にまいるであろうから、待っているつもりでありましたのに、彼が先になりましたことは、いうべき言葉もありません。覚信房が去年先立ちましたので、きっと待っていることでありましょう。かならずかのお浄土で出会うでしょうから、念にはおよびますまい。覚然房の申されていたことは、私の考えと少しも変わらなかったのですから、きっと二人は同じ処にまいっているに違いありません。

明年の十月ごろまで生きておりますれば、この世でお会いできること、疑いありません。入道殿のお心のうちも、少しも変わりがないのですから、先にまいりましても、お待ちしております。人々のお志しのものは、たしかに拝受いたしました。命がありますれば、またいろいろと申し上げます。また、お聞かせください。この文をしたためるにつけ、とりわけ、心のそよぐものがありまして、言葉に尽くすことができません。追ってまた申しあげます。あなかしこ、あなかしこ。

閏十月一日　　　　親鸞（花押）

たかだの入道殿　御返事

私が先立ちましても同じ浄土で（入道殿を）お待ちしています。ここに「浄土」の存在が語られるが、浄土は西方にある極楽国土（安養、安楽国、楽邦）である。極楽浄土は、過去世において法蔵比丘の立てた誓願に基づいて建立されたもので、この現実娑婆世界の西方に十万億の仏国土を過ぎたところにあるという。

親鸞聖人は浄土を真実の浄土と方便の浄土とを区別したが、聖人は真実の浄土は大悲の誓願の報いとして完成された無量光明土がまことの浄土であり、他力の信心を獲た者が生まれることができるとした。

仏智の不思議を疑う自力の行者の生まれる世界を方便化土と名づけた。まことの浄土は、阿弥陀仏の本願を信ずる真実の信心の報いとして往生するところである。

「五説といふは」という親鸞聖人の書簡は、自分のことを語ることが稀であった聖人が「目もみえず候、なにごともみな忘れて候ふうへに」と、ふとその老耄のおもむきを語っているのが心を打つ。

これらのことはこのように記しておいたが、なお、よく知っている人に訊ねられるがよい。くわしいことは、この文では申すこともできない。目も見えません。何事もみな忘れてしまいました。のみならず、もともと人に説明するような柄でもありません。よくよく浄土の学者にお訊ねあるがよろしい。あなかしこ、あなかしこ。

閏三月二日　親鸞

ただお念仏をするばかりですと諭す。目も見えず何事もみな忘れてしまいました。聖人の晩年の、ただお念仏の日々の姿が思い浮かぶ。

第二項　座右の名著『西方指南抄』に学ぶ日々

晩年の善鸞との義絶事件に見られるとおり、親鸞聖人は、真実一路に信仰を求め、大乗至極の教えを一途に究めんとし、聞思の道に生きられた初志貫徹の人であった。

晩年にいたってなお、よき師法然上人の法語・消息・行状などを親鸞聖人が書き写した『西方指南抄』を座右の書として、常によき師のおおせを聞思し、真実の信仰を確認された日々であったと思われる。

よき師との遭遇によって生涯をとおして求めた大乗仏教至極の教えとは何なのか。『西方指南抄』は三巻六冊であり、法然の法語・消息・行状を集録した書で親鸞の編と推定される。『西方指南抄』の成立から十九年後に作られた望西楼了恵の『黒谷上人語灯録』とともに重要なもので、康元元（一二五六）年十月から翌年正月にかけて執筆された親鸞聖人の自筆本が専修寺に国宝として現存しており、ほぼ同時期に写された、覚信の副本も専修寺に保存されている。

その『西方指南抄』の要点を見ることとしよう。

一、　救済は、仏の本願によってのみ成立するものである。救済には「自分の力」は何の役にも立つものではなく、自分の称える念仏さえ何の力にもならない。信仰心さえしっかりしていれば、仏の本願の心をはっきり知ることができる。

信仰心の第一の功徳は、ことに当たってゆるがぬことである。いささかでも迷ったりするのは信仰が弱いからである。念仏にはげむこと、これが一番である。ただ一心に念仏することである。純粋な気持ちで念仏すれば、それによって信仰心も出てくる。仏の本願をも知り、その本願を心強く思う心ができて、その心によって信仰は固く守られ必ず救済される。

二、極楽往生のためには、念仏以上に優れた方法はない。それは念仏が阿弥陀仏の本願だからである。念仏というのは仏のお力やお姿を思い描くことではなく、ただ一心不乱に阿弥陀仏の名を称えることである。だから「称我名号」という。

三、念仏する者はかならず救済される。仏・法・僧のすべてが滅びてしまうほどの救いのない悪い世となっても、阿弥陀仏のみ名を一度称えれば救済される。五つの大罪（父を殺すこと、母を殺すこと、阿羅漢を殺すこと、仏身を傷つけること、僧団の和合を破ること）を犯した救いようのないほどの大悪人でも、念仏を十遍すれば救済される。

ましで今の世はそれほどまでに悪い世でもなく、さほどの悪人でもない私たちであるから、念仏さえすれば疑いなく救済される。このような仏のお恵み深い本願を知ることができたということは、ひととおりの仏縁ではないとお喜びなさるべきである。

「一々の光明偏く十方世界を照らす、念仏の衆生を摂取して捨てたまわず」と『観無量寿経』にあるが、これは仏の愛の光は念仏する人のみを照らして、他の者を照らさないということである。

四、念仏以外の方法によっても、仏に救済されたいと願えば救済されそうなものであるのに、なぜ念仏する者だけを特に選ばれるのであろうか。

これについて善導和尚は「阿弥陀仏のお姿は金山（「須弥山《しゅみせん》の周囲に七つの金山あり」の金山のことか）のように、全世界を照らす。しかし、ただ念仏の者だけが、その光を受けている。だから、本願の力が最も強いことがわかるのだ」と説明していらっしゃる。

念仏による救済は仏の願いのなかでも根本的なものであるから、仏のお力もいきおいそこに強くそそがれるというわけである。それゆえ、仏の国に生まれたい、救済されたいと思うならば、この本願である念仏を修め、救済の光に照らされるようにするがよい。だから、念仏は大切である。くれぐれもよくはげまれることである。

また釈尊は『観無量寿経』のなかでさまざまな教えを説いていらっしゃるが、弟子の阿難に教えを弘めることをまかされた時には、ただ一つの念仏の教えだけをおさずけになった。このことは『観無量寿経』に「仏阿難に告ぐ、〃なんじ好くこの語を持《たも》て。この語を持てというは、すなわちこれ無量寿仏の名を持てとの意なり〟」とあることによっても明らかである。このように『無量寿経』の多くのみ教えのなかで、念仏だけが仏の根本的なみ教えである。それゆえ、釈尊の教えにしたがって救済を求めるならば、念仏することだけが釈尊のみ心にかなうことである。とにかくも、ひたすらに念仏にはげむことが大切で、ありとあらゆる仏が、みな口をそろえて、「念仏は阿弥陀仏の本願であるから、阿弥陀仏のみ名を称えれば極楽往生ができるというのは真実である」と保証なさっている。

五、

善導和尚は阿弥陀仏が人の姿をかりてこの世に現れた方であり、多くの教祖のなかでも一番すぐれた方である。そのおおせに「救済の方法は多いけれども、まず二つに大別される」とある。一は専修、すなわち念仏のこと。二は雑修、念仏以外のさまざまな修行のこと。専修と雑修を比較すると『往生礼讃』にも「もし能く上のごとく常にたえ間なく念仏して、生涯つづけたいと思っている者は、十はすなわち十生じ、百はすなわち百生ず」とあるように、念仏する者は十人中十人、百人中百人すべて救済される。しかし雑修の者は百人中わずか一〜二人救済されるだけで、ほかは救済されない。千人中でもわずか数人救済されるだけである。

専修の者が皆救済されるのは、念仏することが阿弥陀仏の本願にかなっているからである。釈尊の教えに素直にしたがっているためである。雑修の者で救済されることが少ないのは、阿弥陀仏の本願にかなっていないからである。この念仏をそしる者は地獄に堕ちて、永遠に尽くることなき無上の苦しみを受け、信ずる者は仏の国である浄土に救われてこの上なき楽を永遠に受ける。ますます信仰を深くして、迷うことなく念仏にはげまれるよう。

六、上野の国（群馬県）の人で大胡ノ太郎という者が京に上って来たついでに、法然上人にお会いして、念仏のいわれの一部始終をお聞きして帰国し、念仏に務めていると、ある人が、「どんな罪を犯しても念仏すれば救われるということだが、ただそればかりでなく、たまには『法華経』も読み、その上念仏をしても、べつに悪いことはあるまい」といった。太郎はなるほどそれもそうだと思って、法然上人の御もとに、手紙でこのことについて聞きあわせたところ、上人は次のようなお返事をなさった。太郎はこのお勧めにしたがって一向念仏したところ、夫婦ともに極楽往生をとげた。

〈上人の御返事〉

さて、お訊ねのことは、手紙などで簡単に説明できるようなことではありませんので、「ああこんなことなら、長いこと京都に滞在しておられたあいだに、吉水の堂でくわしくお話し申しあげればよかったのに」と残念に思っています。私自身が、ただ念仏すれば極楽往生ができるということだけを聞いて、それを深く信じているだけで、他人にくわしく説明してお聞かせできるほどの者ではありません。まして、み教えの深遠なる内容や、さまざまな疑問のことなどを手紙で説明できようとは思いませんが、遠慮してお返事を申し上げないのも心残りですから、ほんの少し聞き知っていることだけを申し上げようと思います。

まず三心全部がそなわって救済されるということは、その言葉だけ聞くと、一体どんな心のことだろうと、大変難しいことのように思われるでしょうが、善導和尚のお言葉によれば、ごくやさしいことで、無学な者や女性でも持《たも》てない心ではありません。真実救われて仏の国に生まれたいと思って念仏する人には、自然にそなわってくるはずの心なのです。『観無量寿経』に「仏の国に生まれたいと願う者は、三つの心を起こして仏の国に生まれよ。第一には至誠心、第二には深心、第三には廻向発願心、この三つの心を身につけるものは、かならず仏の国に生まれる」と書いてありますのが、それです。善導和尚のお説によれば至誠心は真実の心です。真実とは、内容は空虚であるのに外見をかざることのないことです。すなわち『観無量寿経』の解釈で、「外に賢善精進の相を現じて、内には虚仮をいだくことなかれ」と書いておられます。つまり愚かであるのに賢い人のようにふるまったり、悪い心を持っているのに善人のようにみせかけたり、怠け心のあるくせに勤勉なふりをするのは真実でない心だというのです。あるがままで少しもかざらない心が至誠心であります。

第二の深心とは、深く信ずる心です。何を深く信じるのかといえば、仏の救済を信じるのです。多くの悩みを負い、さまざまな罪を犯し、よい点など全くないわれわれ人間が、阿弥陀仏の慈悲深いお誓いによって、阿弥陀仏のみ名を称えさえすれば、その期間が百年にわたろうと、たった一～二年の短いあいだであろうと、いずれにしても信じたその時から臨終の時まで、決して心をゆるがせにしないで、たとえ十声でも、たった一声でも、念仏すればかならず仏の国に救済されると信じ切って少しの疑いもさしはさまないのが深心です。

善導和尚より救済について知っているはずはありません。なにしろ善導はただの人間ではありません。阿弥陀仏がご自分の本願を世に弘めて、ひろく人間を救済するために、人の姿をかりてこの世にお現れになったのですから。それゆえ、そのおっしゃることは、そのまま仏のみ教えなのです。人身をそなえてこの世に生まれられたのではありますが、真実のさとりをひらき、はっきりと仏の国の様子もご存知で、仏にもお会いになり、仏のみ教えを聞かれた上でのお言葉なのです。どうしても信じないではいられないみ教えなのです。それゆえ、だれでも、悩みの多い者も少ない者も、罪が軽い者も重い者も、ただ南無阿弥陀仏と称えさえすればかならず仏に救済されます。何が何でもひたすらに念仏さえすれば救済されて仏の国に生まれることができるとかたく信じて疑わないのが、深心であります。

第三の廻向発願心というのも、別に変わった心ではありません。一心に仏の国に救済されたいと願う心のことです。

「このように三心をそなえれば、かならず救済される。この心が一つ欠けても救済はされない」と善導はおっしゃいます。たとえ、まことの心があって、表面をかざらなくても、仏の本願を疑えば、深心が欠けているのです。また仏の本願を疑わなくても、表面ばかりかざって、まことの心がなければ至誠心がないのです。またこの二つがあって表面をかざらず本願を疑わなくても、仏の国に救われたいと願わなければ、廻向発願心がないわけです。このように三心と分けていいますと、別々のもののようですが、結局は、真実の心で深く仏の本願を信じ、救済を願うのが三心のそなわった心というにすぎません。これくらいのたやすい心さえ持てないで、どうして仏の国に生まれるほどの大事ができましょうか。

名もない人でも、ただひたすらなる念仏によって救済されたということはよく聞くことです。それは三心という言葉のわけを知らなくても、ちゃんとそれを持っていた人なのでしょう。また何時も念仏にはげんでいた人で死にぎわの悪い人がいるのは、先にいいましたように、表面ばかりをかざって、立派な念仏者だなどと人にいわれたいということばかり考えて、心では本願も信じないし、本当に救済されたいと願いもしなかった人なのでしょう。それで死にぎわも悪く、仏に救済されることもないのです。こういったからとて、さてさて往生ということは大そう難しいことだなどとお考えになることはありません。かならず救われると思えないのは信仰心が足りないので、それは救済されない心なのですから、ますます一心に信じることです。まことに仏に救済されたいという心があって、阿弥陀仏の本願を疑わずに念仏する人は、臨終の悪いことはまずありません。それは仏がお迎えに来て下さるからです。仏の国に救済されることを信じて疑わない心を助けて下さるためであります。だのに、それを知らない人は、臨終になっても、自分の信仰がかたく念仏するから、そのために仏が迎えに来て下さるのだと思っています。しかし、それは、仏の本願を信ぜず、また、そのことの書かれた経文を理解しないからのことです。

『称讃浄土経』に、「仏が大きな慈悲で助けて下さるから、臨終の心の乱れることはない」とありますから、常日ごろ称えておいた念仏で、臨終にはかならず仏は迎えに来て下さるのです。それによって、信仰心はさらにかたくなると昔から申し伝えています。しかるに、日ごろの念仏は大したことではないと考えていて、死にぎわになって救済を願うのは大間違いです。仏の本願を信ずる人は、臨終に仏が迎えに来て下さることを決して疑ってはなりません。いつ仏が臨終の時念仏した人だけを救済するとおっしゃいましたか。臨終の念仏によって救済されるのは、本願をも信ぜず、極楽往生をも願わず、念仏もしないで、罪ばかり重ねていた悪人が、その死にあたって初めて名僧の勧めによって念仏した場合のことです。これは『観無量寿経』にも説かれていることです。特にふだんから怠らず念仏している者は臨終だからといって、しなければならないことはありません。仏がかならず迎えに来て救済して下さいます。それゆえに、死に臨んでも信仰は決してゆらぐことがありません。

さらにまた、悪いことをした人さえ、念仏すれば救済されるというなら、まして『法華経』などもよく読んで、その上念仏するのは悪いことではあるまいという人が多いとのこと。京都でもそんな人は多くありますから、地方ではなおさらのことでしょう。そのような考え方はほかの宗派の考え方ですから、私はそれを善いとも悪いとも決めることはできません。ほかの教えのことは知らないのですから、間違うかもしれないからです。ただ私の信ずる浄土宗では、善導がおっしゃることによれば、救済の道には二つある。第一は正行。第二は雑行です。正行はさらに分けると、まず読誦正行。それは『大無量寿経』『観無量寿経』『阿弥陀経』の三つのお経を読むことです。次の観察正行とは、仏の国、極楽浄土のありさまを知ること。礼拝正行は阿弥陀仏を礼拝すること。称名正行は、南無阿弥陀仏と称えること。讃嘆供養正行とは、阿弥陀仏をたたえて供養すること。この五種、あるいは讃嘆と供養を分けて六種とすることもあります。またこの分け方でなく、「この正行を二つに分けて、まずほんの少しのあいだも忘れずに一心に阿弥陀仏のみ名を称えることが一つ。これは仏の本願でありますから正定の業という」として念仏こそ救済の根本的な方法であるといい、「今一つは礼拝や読経などである。これは助業といって、念仏の補助的な方法である」といっておられます。そして、これら以外のことはみな雑行といっています。だから、布施（ほどこし）も持戒（仏教の戒律を守ること）も、忍辱（忍耐）も、精進（心身を清く仏道にはげむこと）も、また、『法華経』を読んだり、儀式をしたりすることも、みな雑行なのです。

正行をする者を専修の行者、後の雑行をする者を雑修の行者といいます。この二つの損得を考えてみますと、専修の者は十人ならば十人、百人ならば百人、一人残らず救済される。なぜならば阿弥陀仏のみ心にかない釈尊のみ教えにしたがい、その上すべての仏が保証された正しい方法にしたがっているからである。これに反して、雑修の者は百人中一～二人、千人中三～四人がやっと救済される。それはあれこれと迷って、正しいみ教えの心を見失ってしまうからである。たえず救済を願っているというのではなく、名誉や利益を考えたりいろいろ間違ったことばかりして、かえって救済をさまたげるからであると解釈していらっしゃいます。善導を深く信じて、浄土宗を信ずる人は、ひとすじに正行である念仏にはげむべきでありましょう。

このようにくどくど書いてまいりました。返す返すも出すぎたことと思いながら書いたのであります。おそれ多いことです。外の人々にはお見せにならないように。お読みになって、おわかりになりましたならば、すぐ破りすてて下さいますように。

かしこ

源空

七、念仏大意

釈迦が亡くなられてからすでに久しい。末世の人々の救済の道は、ただ善導の教えにしたがって、ひとすじに念仏するよりほか道はない。それなのに、これを信じて念仏する人は非常に少ない。ほかの教えに心をひかれたり、念仏の力の偉大さを思わないからでしょうが、いかに、心から救済を願う人が少ないかをあらわすものかもしれない。

天台宗や法相の教理も、それをまもって修行することが、決して無駄であるというわけではないが、ただ、仏の国へ救済されるためには、自分の身のほども考え、時代にもふさわしいような務めをしなくてはならない。釈尊が亡くなられて二千年のころでさえ、知識を積み重ねたり、心を清くするといった自分の力によって悟りを得るのは難しいからといって、多くの人が仏の力にすがる念仏にはげむことにした。浄土宗の聖人である道綽や善導などがそれである。まして今はそれからまた時代も下っている。念仏以外の方法で成功するのは難しい。念仏は、末法の世が終わり、仏法が滅びた世になってさえ効力があるといわれ、今は末法の世が始まったばかりである。私どもには救済に値するだけの器量がないとしても、さらに後世の人々よりはましなはずである。

また、釈尊が生きていらっしゃった時でさえ、そのまま仏となることができたのは龍女だけであり、そのほかにも自分の力で悟りを開いたのは、昔から今まで数えるほどしかない。それほどに、自力による救済は難しい。なまじ、われわれが自力の道を学んだところで、とてもそれらの人にかなうはずがない。阿弥陀仏は、われわれのような末世のふつつか者の救済のために、四十八の願をたて、その十八番目に「全世界の人々が心から信じて、救済を願い、また、十回念仏したなら、仏の国に救ってやろう、もし救うことができないならば、自分は悟りなどいらない」と誓われたが、悟りを得て、仏となられた。このことを釈尊が説かれたのが、『観無量寿経』などの三部経である。たとえ、人々が、阿弥陀仏の誓いを信じないとしても、釈迦の説かれた三部経が、真実でないことがありましょうか。その上、このことは多くの仏たちが保証しておいでになることで、それは経文にみえている。念仏以外の方法には、このような保証はない。時世からいっても、自分の力量から考えても、無理な自力による救済を求めるより、仏の力にすがって救済される念仏をするのが一番得でもある。

八、

　念仏にはげむには、至誠心、深心、廻向発願心の三つの心を持たねばならない。至誠心とは、阿弥陀仏以外の仏は拝せず、念仏に専心して、ほかの修行は一切せぬ心である。深心とは、仏の恵みを深く信じる心である。罪深く、なやみつづける身でも仏を信じればありがたい本願によって、念仏する一声ですべての罪がゆるされて、必ず仏の国に迎えていただける。廻向発願心とは、本心から救済されたいと願う心である。

　この三つの心のなかで一つでも欠ければ救済はされない。それゆえ、念仏以外の行をしても罪にはならないからとて他行をするのは、念仏だけによる救済を心もとないと疑うことで、つまりは深心が不足して、至誠心も足りないといえる。ただし、やっと至誠心だけ知って、それのみを難しくいうのは、阿弥陀仏の真の恵みを誤解していることで、これもまた信心が欠けているといえる。人間がどのように一心に信じたところで、信心の力だけで思いがかなうわけではない。救済とは、念仏すれば、かならず救ってやるという仏の本願の神妙力によるものである。信仰心の強い、善人のためにだけ、このありがたい誓いをたてられたのではない。このことを理解して、念仏ひとすじにはげむ者は非常に少ない。

九、

曇鸞のはるかなる末の弟子である道綽は「曇鸞老師のように学識すぐれた方でも、学問による道を捨てて、念仏の道をお取りになった。まして自分などは……」と自力による悟りの道を捨てて、救済のためにひたすら念仏にはげみ、救われた。この人の勧めによって、中国の幷州《へいしゅう》の三県では七歳以上の人はみな念仏にはげむそうである。それを、何故わが国のこのごろの人は迷うのであろうか。ただちに阿弥陀仏の本願であり、釈尊の説であり、道綽や善導の教えである念仏にしたがって、確実なる救済の望みを持つべきである。また、道綽や善導の教えは、念仏を信じる人のことゆえあたり前であるにしても、それならば、法相宗では念仏を信じないかといえば、そうではなく、慈恩大師は『西方要決』で「末法の万年にはすべての経文は滅びるが、『阿弥陀経』だけはますます栄える」とも「いろいろな仏学はやめて、一向専念せよ」ともいっておられる。そればかりでなく、有名な竹林寺の『記』にも、竹林寺の大講堂で、普賢、文殊両菩薩が向いあって坐り、み教えを説かれたとき、法照禅師が「仏法がおとろえた末法の世に生まれた凡夫は、どんな方法によって、仏の救済を受けることができるであろうか」と問うたとき、文殊は答えて、「仏の国に生まれるためには、仏のみ名を称える以上のものはない。救済を得る最上の道はただ念仏にあり、釈尊の一生の教えの精髄は『阿弥陀経』にある。まして、後世のおろかな人々の救済される道は念仏だけである」とお答えになった。以上のように、仏の説かれた経文や昔からのすぐれた人々の言葉を見てもなお信仰心がなく、人と生まれながらこれほど易しい救済にもあずかれないというのは、これ程残念なことはない。また現在念仏の行者に災厄を加えたり、あざけったりする人も多いとのことであるが、このことは、昔、人の姿をかりて世に現れた仏たちはすでに知っておられた。

十、　阿弥陀仏はこれら自分の力ではどんなに努めても及ばない者のために、救済の方法として念仏を示して下さった。自力によって悟りをひらくのは、身も心も清浄で、しかもその器量ある者でなくてはなすことはできない。怠け者で、信仰も足りない者には、かえって罪をつくる原因にもなるくらいのものもある。それに反して仏のお力にすがり、日常生活のなかに何時も念仏さえすれば、どのように至らぬ者がしても、いざ臨終の時に、その説を暗誦することはできないが、念仏は息をひきとるきわまで称えることができる。また同じ仏の誓いでも、薬師の誓いには救済の願はなく、千手は救済の誓いはあっても悟られなかった。阿弥陀仏は救済の誓いをたて、しかも仏となられた。阿弥陀仏の誓願を信じないなら、ほかの教えはなお信ずることができないはず、それゆえ、何度もいいましたが、念仏をひたむきに信じ、ほかに心を動かさず、怠らず念仏にはげみなさい。現在でも念仏によって救済された人はたくさんありますが、ほかの行にいって悟った人はまことに少ない。天台や法相の学理をきわめ、名誉や利益をも考え、官位を望もうと思っている人や、非常にすぐれた素質を持った人々のためのものである。このことを人はよく、自力修行の道の方がすぐれているからだと、考え違いします。このような自力で救済の道にはげむ人々が、念仏をもかねてすることは、さまざまの修行を念仏の補助にしているようなもので、自力救済の道を捨てたことになる。

以上のようなわけで念仏を勧めるのは、一所懸命に願いながら、自分の力をも、また末法の世であることや時代をも考えず、さまざまな修行に身を投じて、そのため、せっかく人と生まれ、阿弥陀仏のありがたい救済のお誓いがあるにもかかわらず、それにそむいて、苦悩の世界をむなしく永遠に流転し続けねばならぬ人々のためを思うからなのである。ほかの宗派の人々がこのことを怒ったりすることなど、ものの数でもない。

親鸞聖人は『西方指南抄』を座右の名著として常に「聞思の道」を究め真実の信仰とは何かを問い、『教行信証』の証を証明したのではなかったか。お聖教に学び、よき師の教えとその信仰心を再確認する晩年の日々であった。

第四章　親鸞聖人書簡が語る門弟との信仰問答

真蹟の書簡を始め編集され伝持された『末灯鈔』『親鸞聖人御消息集』『御消息集』（善性本）や『血脈文集』に収録されているものなど四十二、三通に及ぶ親鸞聖人の書簡。これらは聖人が関東を去り京都に隠棲《いんせい》していた晩年の十年ほどのあいだに執筆されたものであるといわれている。齢七十九から八十八にいたり、建長三（一二五一）年から文応元（一二六〇）年のあいだに書かれている。

京都に隠棲していた親鸞聖人をよき師と仰ぎ、念仏の教えに導かれた関東に住む同行たちの質疑に答え、聖人は心をこめて手紙を書きつづった。それは門弟との信仰問答であった。ここには聖人の思想、真実の信仰が見られるであろう。いわば晩年の親鸞聖人の信仰である。

晩年十年ほどに執筆されたお手紙には、関東門徒との信仰論議が見られる。異端思想の問題もあり、教導書（教化を目的とした性格の強いもの）でもあった。真摯な宗教者は晩年にこそ、真実の信心やゆずることのできない基本思想など、人々が忘れてはならない叡智を語る。

高齢者は一体どのように生きたらよいのであろうか。人生の夕暮れのなかでその生き方を思索する。それは今日とて晩年に向かう多くの高齢者たちの切実な問題であろう。大切な人生の質の問題である。

晩年の親鸞聖人に私たちの生き方を学ぶ。それが終章のテーマである。

本章では親鸞聖人の「真実書簡」の第一書簡から第十書簡の十通を扱っている。

第一書簡　笠間の念仏者の疑い問われたこと

　そもそも、浄土真宗の心は、往生を願う人の宗教的素質能力に他力があり、自力がある。このことはすでにインドの仏教の綱要書を著した教義学者や浄土の教えを伝えた祖師がおおせられたことである。まず自力と申すことは、行者がおのおの縁にしたがってほかの仏の名を称え、さまざまなよい報いを受くべき善行を修め行い、わが身を頼み、わがはからいの心をもって身口意の乱れをつくろい、立派にふるまって浄土へ往生しようとすることを自力というのである。また、他力と申すことは、弥陀如来のお誓い（誓願）のなかにあって不要なものを捨て正しいものを選び取る（選択摂取）第十八の念仏往生（阿弥陀仏を頼みその名号を称えて極楽浄土に往生する）の本願（根本の願い）を信楽《しんぎょう》することを他力と申すのである。如来のお誓いであるから、「他力には義なきを義とす」との法然上人のおおせである。義ということは、はからう（思量し見当をつけ伺い見る）ことを意味する言葉である。行者のはからいは自力であるから義というのである。他力は本願を信楽して必ず往生するがゆえに、義（道理）なしというのである。

それゆえ、わが身は、悟りの妨げとなる心の働き貪・瞋・痴の三毒を基本とする煩悩熾盛（さかんな）の凡夫であり悪しき人間なので、どうして私のような者を如来はお迎えくださろうか、と思ってはならない。凡夫は、もとより煩悩を具足しているゆえに、悪き者と思うべきである。またわが心がよいから往生できるに違いない、と思ってはならない。自力のおはからいにては真実の報土（極楽浄土）へ生まれることはできない。行者のおのおの自力の信にては、阿弥陀仏の浄土のうちの化土（仏が教化のために仮に現出した国土）である懈慢《けまん》国（快楽を追い真実の法を求めることを怠る人が生まれる国）に住する。そこは心地よく、女たちは音楽を楽しみ、快楽を追う。つまり真実の法を求めることを怠る人がここにとどまる。阿弥陀仏国に生まれようとする者のうちに、この懈慢国に執着して真実の報土に進むことのできない者ははなはだ多い。第十九願と第二十願の行者の生まれる世界である。辺地《へんじ》（自力で浄土に往生しようとする者が赴く浄土のかたほとりの方便の世界）の往生は、仏智を疑う人の生まれる場所であり、諸行往生（諸善万行を行い往生する）の人の生まれる場所である。いまだ機根の整っていない者たちの、浄土真実の報土（阿弥陀仏の願・行に報いて現れた世界、極楽浄土）ではない阿弥陀仏の方便化土（真実の道に導入するために仮に設けられた浄土）の往生である。自力の信にてはそのような懈慢、辺地の往生、胎生（化土に生まれる）、疑城（仏力を疑い信受しない者が生まれる方便化土）の浄土まで往生せられることはあると、うけたまわっている。第十八の本願成就（全ての人々を救おうとする阿弥陀仏の願いを成し遂げる）のゆえに、阿弥陀如来となられて、不思議の利益きわまりないお姿を、天親菩薩は尽十方無礙光如来（阿弥陀仏のその光明はあまねく十方世界を照らしてさまたげるものがない）とおあらわしくださった。このゆえに、善き人・悪しき人を嫌わず、煩悩の心を選ばず、分けへだてることなく、往生は必ず自然に成就すると知るべきである。

　そうであるから、恵心院の和尚恵心僧都源信は『往生要集』に本願の念仏（阿弥陀仏が全ての人々を救おうと発した誓願を心に思い浮かべ名号を口に称え）信楽（信じ喜ぶ）するありさまを表し、「行住《ぎょうじゅう》坐《ざ》臥《が》（普段の起居動作）を選ばず、時、所、諸の縁を嫌わず」とおおせられた。「真実の信心を得たる人は阿弥陀如来の発する摂取（おさめとる）の光のなかにおさめ助け救われる」と確かに表している。それがゆえに、「無明煩悩を具して安養浄土に往生すれば、必ずただちにこの上もない仏道修行によって得られる悟り（無上仏果）にいたる」と釈尊はお説きになった。

ところが、「五濁悪世（五つの穢《けが》れに満ちている悪しき世）のわれらは、釈迦一仏の仰せを信受し難いであろう。そこで十方の数多の諸仏が証人になられた」と曇鸞和尚は註釈なすった。「釈迦・弥陀・十方の諸仏、みな同じ心にて、本願念仏の衆生には影の形にそえるがごとくして離れず」と明らかになすった。であるから、この信心の人を釈尊如来は「親友《しんぬ》である」とお喜びになっておられる。

この信心の人を真の仏弟子ともいう。この人を正念（弥陀の本願を信じて疑わない）に住する人とする。この人は、阿弥陀仏の光明（全ての人々に友情を持ち楽を与える父の愛、苦を抜く母の愛情のごとく優しい慈しみの心）が摂取して捨てないので、金剛心（金剛のようにきわめて堅く、全ての我執の心や疑いを破り、よこしまな見解に侵されない他力真実の信心）を得た人と申すのである。この人を上上人とも、好人とも、妙好人（白蓮華のようなすぐれてよい念仏の行者）とも、最勝人とも、希有人（希信の信を得た賞嘆すべき念仏の行者）とも申すのである。この人は正定聚（悟りを得ると確定した人々）の位に定まっていると知るべきである。であるから、弥勒仏（釈尊の滅後五十六億七千万歳の後の遠い未来に出世する釈迦仏の代わりの仏）と等しき人ともいわれる。これは真実信心を得ているゆえに、必ず真実の報土に往生すると知るべきである。

この信心を得ることは、釈迦、弥陀、十方諸仏のご方便よりたまわったと知るべきである。その上は、「諸仏のみ教えをそしることなく、念仏以外の行を修する人をそしることなく、この念仏する人を憎みそしる人をも憎みそしることがあってはならない。哀れみをなし、いとおしむ心を持つべきことが大切である」と法然上人はおおせられた。

仏恩の深きことは懈慢・辺地に往生し、疑城・胎宮《たいぐう》の浄土に往生してさえも、第十九・二十願のあわれみがあって、不思議な楽しみにあうことができるのである。仏の恩の深さには際限がない。ましてや真実の報土へ往生して大涅槃の悟りをひらくことは、仏恩の深いことをよくよく心に思わねばなるまい。このことは、性信坊や親鸞がはからい、思量して申していることではない。

絶対に。

建長七歳（一二五五）乙卯十月三日　愚禿親鸞八十三歳之《これ》を書く。

大部分が親鸞聖人晩年の十年間ほどのあいだに執筆されたこれらの書簡は、執筆の段階でそれぞれ目的があった。

関東の門徒に対し執筆されたお手紙（御消息）は、単なる音信でなく目的があったと考えるのがごく自然ではなかろうか。「教化を目的」とした「教導書」の性格を持つのではなかろうか。そのころ、関東の門徒には信仰論議があった。つまり「異端思想」の問題があり、関東教団の異議を教戒するためのお手紙であった。こう考えられるのではないか。そこには善鸞の存在がある。

善鸞は親鸞聖人の子どもである。聖人の帰京後、関東門弟中に教義の解決をめぐり動揺が起き、宗祖から門弟教化のため善鸞が派遣された。しかし善鸞が聖人から夜に秘伝の伝授を受けたと門弟に語り、他力真宗の本源である本願中の第十八願を萎《つぼ》める花、すなわち救済力の生気を失った無力なものとして非親鸞信仰、つまり自分の力で悟りを開くことができると信じ、自ら善行を積む自力修行的、賢善精進（賢明にして真面目な修行者）の異端思想に誘導する。その特異な初期関東真宗教団の社会状況に問題があり、しかも多くの門弟たちが他力の念仏を放棄して、親鸞聖人の子である善鸞の異端に同じたことが関東の念仏者に動揺を生んだ。当初の親鸞聖人の下向の要請と異なり、異議に対する教誡のための下向ではなく、善鸞が父聖人の教え、他力真宗の信仰を放棄させようとした。それがゆえに善鸞は、一二五六年には親鸞聖人から書状によって義絶される。

今この第一書簡「笠間の念仏者の質疑に答えた書簡」は、念仏する人々に疑い問われたことに答える書簡であり、後に法語の内容をもつ教えを平易に説いた文章として扱われることになる。

文末に「建長七歳乙卯十月三日　愚禿親鸞八十三歳書之」とある。建長七年は一二五五年であるから、善鸞の異端思想が歴史的背景にあり、この書簡に八十三歳の晩年の親鸞聖人の思想、信仰が明示されていると考えられる。

さてこの手紙の最後に登場する性信（一一八七〜一二七五）であるが、一二〇四年、山城吉水の源空法然上人に帰依し、親鸞聖人を師とした信頼厚き高弟である。師と常に行動をともにし、親鸞聖人の帰洛（京都に帰ること）に際してはその後を託され『教行信証』（坂東本）を授かり、下総横曾根に報恩寺を開基したと伝えられる。東国関東の教団における重要な門弟の一人で、親鸞聖人の信頼の厚かったことは性信宛の親鸞書状からも知ることができる。親鸞聖人の長男善鸞の幕府への訴訟では鎌倉に行き弁明をするなど、その解決に奔走した。性信の門流は横曾根門徒と呼ばれている。

晩年の親鸞聖人は、末娘覚信尼とともに京の都に生活しつつ教えの真髄を高弟たちに諭し、七祖伝来の念仏の教えが正信（正しく信仰）され相続されることを願った。親鸞聖人の、当時の八十三歳とも思えぬこのお手紙には、念仏道を語る真摯な心が見られ、人生の集大成、後の遺弟に対する重要な法語とも受け止められる。自信教人信、自ら信じ人にも教え正しい念仏信仰をと願う親鸞聖人は、念仏道を永遠《とわ》なる命として善鸞との義絶もやむなしと、日本的霊性の重要性を示した。

晩年のお手紙のお言葉には、若い時に見られぬ遺言とも受け止められる精神的遺産の相続が語られ、私たちに感激を与えるとともに、親子の義絶（善鸞事件）は悲泣をさそうであろう。親心をもつ人に、わが子を誰一人として憎く排他的に思う者はいないであろう。聖人の心情はいかばかりだったであろうか。その善鸞事件の正体も、関東の門弟たちとのお手紙にて次第に明らかになる。

第二書簡　信行一念章

専信坊が京都の近くに移っておいでになったことは、心強く思われます。また、御こころざしの銭三百文、たしかにたしかに、ありがたく頂戴いたしました。四月七日付のお手紙は、五月二十六日に、たしかに拝見いたしました。そこでお訊ねになっておられる信の一念と行の一念とは、言葉にすれば二つですけれども、信を離れた行もなく、行の一念を離れた信の一念もありません。なぜならば、行というのは、南無阿弥陀仏と本願（全ての人を救おうと発した仏の願い）の名号（み名）を一声称えれば（念仏の功徳によって即極楽世界に）往生できる、ということを聞いて、一声ないし十声をも称えることを、行というのです。「この弥陀の本願を聞いて疑うこころの少しもないのを、信の一念というのです。つまり、信と行といえば二つの言葉のように聞こえますけれども、行を南無阿弥陀仏と一声称えて、少しも疑わないのであるから、行を離れた信はないのだ」と聞いています。また、信を離れた行はないのだ、とお思いになるのがよいのです。

これはすべて、弥陀の誓願（生きとし生ける者を救おうという誓い）であるということを知らねばなりません。行も信もみな、弥陀の誓願なのです。あなかしこ、あなかしこ。

命があったら、きっと京都へおのぼりください。

五月二十八日　（花押）

覚信御房への　お返事

この書簡は「建長八歳（一二五六）丙辰五月廿八日　親鸞聖人御返事」と真蹟書簡文末に別筆がそえられてある。宛名である下野国の覚信房の注記であろう。覚信房は下野高田に住した親鸞聖人面授の門弟である。字の読み書きもできぬ一文不知の人が多い世のなかで、親鸞聖人の撰述を書写できる教養があり、太郎入道という号から、武家の出身と推定される。この手紙にて信の一念、行の一念について弥陀の誓願であると直接教えを受けている。「命があったらきっと京都へおのぼりください」という親鸞聖人のお言葉のとおり、後に病気を押して子息慶信とともに上京した。覚信房は一二五八年、親鸞聖人のもとで死去している。

臨終の際、しきりに南無阿弥陀仏と「称名念仏」を称えるので、自力の念仏ではないかと親鸞聖人が尋ねると、「仏恩報謝」（仏の恩恵に感謝し称える念仏）であると答え、それを耳にした親鸞聖人は感激し落涙したと語られる。

覚信の子、慶信も父同様、親鸞聖人面授の門弟となっている。一二五八年の親鸞聖人宛の書状では「如来等同説」について設問し教示を請うている。如来と等しという如来等同説は、真実信心を獲得《ぎゃくとく》した人は現生において如来と等しという。真実信心を得た人は「弥勒とおなじく、このたび無上覚にいたるべきゆへに、弥勒とおなじ」（『末灯鈔』）と、弥勒等同説にて念仏の衆生の「如来等同」「弥勒等同」を親鸞は語る。父覚信が京都にて発病したため慶信は単身帰郷するが、十月十日には慶信宛親鸞書状（第四書簡）にて父の死を知らされる。

親鸞聖人が信と行とを離してはいけないと明確に説き示したのがこの御消息である。

息子慶信は、鎌倉武士の勤めである大番役で上洛することに便乗して同行したと思われる。上洛も今日と違い遠き旅路である。覚信は途中で病気になった。同行の者は引き返すことをすすめたが、同じ死ぬのならば親鸞聖人にお目にかかりそのみ許でと希望したという。

文の初めの専信房は、関東六老僧の一人である。一二二七年、顕智とともに真仏の門下となり、翌年親鸞聖人に面授（お目にかかった）と伝えられる。印刷機のない時代である。一二五五年『教行信証』を書写し、同年親鸞聖人の寿像「安城の御影」を絵師朝円に描かせ、翌五六年上洛途中、三河矢作の薬師堂で真仏、顕智、弥太郎などとともに念仏の教えを弘めている。長瀬の願照寺はその旧跡とされている。

専信門下には照心や和田の円善などがいる。円善は権守の通称より武家出身らしい。聖人上洛途上、三河矢作の薬師寺で教化した時に帰依したとされる。

顕智は、下向の際、再びここに立ち寄り、三年間滞在し教化活動を行っている。このとき、子の信願も出家し次第に円善を中心として和田門徒が形成される。覚信はお手紙に見られるように、銭三百文を聖人に送っている。三百文とはどのくらいの志であろうか。米価は米一石が銭一貫文であったから、三百文は約四十五キログラムであろうか。お米五キロもあれば夫婦二人でも一カ月くらい食べられる。今日と違い米が主食で現代人よりも多く食したとしても、四十五キロは命をつなぐありがたい寄進であったことに間違いない。

聖人八十四歳の五月二十八日に書かれたこのお手紙「信行一念章」は、息子善鸞に義絶状を書き送られる前日に書かれている。しかし、冷静に信行という信仰上の問いに答えておられる。

信と行の分別、誓願名号別執計と呼ばれる異安心問題が当時の関東教団にあったのではなかろうか。

信は本願を疑わない心であり、往生の正因であろう。信は信順、信用、信受を意味するまことの心である。如来のお誓いを聞きて疑う心なき信は、疑いなき心である。本願力廻向の信心であろう。

行は行為、実践であろう。願を達成するための行為である。浄土の行、本願の行は南無阿弥陀仏の名号、称名念仏の大行という。

親鸞聖人の門下の一部に、誓願と名号を分けて、いずれで救われるかとの論争があった。信行の問題であろう。親鸞聖人は「誓願をはなれたる名号も候はず、名号をはなれたる誓願も候はず候」（『末灯鈔』）と諭している。この誓願別執の異計について「誓願不思議をむねと信じたてまつれば、名号の不思議も具足して、誓願・名号の不思議ひとつにしてさらにことなることなきなり」（『歎異抄』）と、誓願（信）と名号（行）は一つであることが諭されている。

第三書簡　真仏御房宛

円仏房が今からそちらへ下っていきます。上洛を望む志が深く、そのため主人などにも申しあげずに上京せられたのです。その辺を配慮し、主人などにもどうぞよしなにとりなしてやっていただきたいのです。この十日の夜には火災に遭いました。居所も変わっていましたのに、この御房をよくまあ尋ねてきたものです。その志はありがたいほどに思います。そのへんのことは、きっと本人から申し上げるでしょう。よくよくお聞きとりください。今はあれこれと忙しいので、くわしくは申し上げません。あなかしこ、あなかしこ。

十二月十五日　　　（花　押）

真仏御房へ

京都に居られた親鸞聖人を慕って関東から上洛した円仏房が帰っていく際に持たせた、

真仏房への書簡である。

真仏（一二〇九～五八）は、初期真宗教団の中心的存在であり、聖人真弟中最右翼の高弟であった。専修寺、仏光寺、興正寺二世の位置にあたる。親鸞聖人の越後御流罪後、関東教化の際に門弟の一人となった信仰深い人である。下野高田は親鸞聖人の布教の一拠点となり、聖人の帰京後は、真仏が高田の門徒集団の指導者となり、門弟顕智、源海、専信らの有力門弟を排出している。

このお手紙は建長七（一二五五）年、聖人八十三歳の筆とする説がある。五七年にも親鸞聖人より書状を受け取り『末灯鈔』に収められている。人生五十年にもいたらぬ時代である。真仏四十九歳での死後に、唯願が発願して埼玉県蓮田市馬込に報恩塔を建立している。

このお手紙のなかで十二月十日の夜、火災に遭ったと述べられている。恵信尼公の書簡『恵信尼文書』（建長八（一二五六）年七月九日付、九月十五日付下人譲状）にも、火災に遭って下人の証文を焼失したと書かれている。下人譲状の火災と円仏房が上洛した際の火災は同一と推定するのが自然であろう。

このお手紙には火事の日時を書き誤って訂正している。

この「十」（追筆）□（抹消）日のよ（夜）、せうまう（焼亡）にあふ（遭）て候。

火事の後始末でとり込んでおられたのであろう。聖人と覚信尼（末娘）は同居しておられた。

文中には主人に無断で上洛したとあるが、主人とは師信願であろうか。信願の師主は真仏房である。円仏房は真仏の孫弟子に当たる。信願に黙って上洛した円仏房のため、信願へのとりなしを真仏に頼んだ書簡ではないか。

第四書簡　慶信上書、聖人加筆御返事

慶信の上書

謹んで申し上げます。

『大無量寿経』に「信心歓喜」（信心を得て歓喜する）とあります。また、聖人のお作りになった『浄土和讃』にも、『華厳経』の文を引用して、「信心よろこぶそのひとを、如来とひとしとときたまふ、大信心は仏性（仏となる可能性）なり。仏性すなはち如来なり」とおおせられておられますのに、ひたすら念仏にはげむ人のなかにも、受け取りそこねてのことでありましょうか、「念仏の同行たちが、信心喜ぶ人は如来に等しいと申しますのは、それは自力である、真言の教えの方へかたよっている」などと申しておられます。人のことでございますから、しかとは存じませんが、そのように申しておられます。また、『和讃』に「真実信心うるひとは、すなはち定聚（正しく浄土に往生することが定まった位）のかずにいる、不退（信念を最期まで貫いてやまぬ）のくらゐにいりぬれば、かならず滅度（涅槃）をさとらしむ」とおおせられてあられます。「滅度をさとらしむ」と申されるのは、このたびこの身の命が終わろうとする時、真実信心の行者の心は、まことの浄土にいたりましたうえは、寿命無量（限りのない生命）をその体とし、光明無量（無量なる光明）の徳をその身に得られるのでありますから、如来の光に満ちたお心と等しくなる。そのゆえ、「大信心は仏性なり、仏性すなはち如来なり」とおおせられたのでございましょう。これは、第十一願（浄土に生じた人は必ず滅度に至らしめるという「必至滅度の願」）、第十二願（阿弥陀仏が無量の光明を放ちはるかに遠い諸仏の国をも照らすことができる「光明無量の願」）、第十三願（阿弥陀仏は寿命が限りのない身である「寿命無量の願」）のお誓いと心得ております。罪深いわれらがためにおこされた大悲の誓願は、まことに素晴らしく、感銘深く、そのうれしさは、心もおよばず語る言葉もなく、いい尽くせないほどです。始めもない遠い昔よりこのかた、限りない諸仏に会いたてまつって、かならず悟りを開こうと固い決意、大菩提心（仏の悟りを得ようと願う心）をおこしたけれども、自力ではなにごともかなわなかったのを、釈迦・弥陀二尊の御てだてにいざなわれて、いままでの種々雑多な雑行雑修を捨て、今は自力や疑う心もありません。無碍光如来の摂取不捨のあわれみのゆえに、疑いの心なく、喜びに満たされて、ただ一念する一声の念仏の者までがかならず往生するとは、まことに誓願不思議なはたらきであると心得ましたるうえには、いくら見聞しても見あきることのない浄土のお聖教も、よき師に会いたいと思うことも、弥陀の摂取不捨も、信心も、念仏も、みな人のためであると思われます。

いま浄土の師主たちのみ教えのゆえに、心を専一にしてご意向をうかがいまして、本願の心も悟り、まっすぐに浄土へ向かう道を求めることができ、正しくまことの浄土にいたるであろうことがこのたびの一念によって（仏のみ名を聞くだけの者にいたるまで）叶えられるうれしさは、ご恩のいたりでございます。それに、『弥陀経義集』も、不充分ながらほぼわかってまいりました。それでも、世間のあわただしさにとりまぎれて、あるいは一時、あるいは二時、三時と怠ることがあります。昼夜をとおして忘れずに仏のご慈悲をいただく喜びが力となり、行住坐臥、時と処の不浄も嫌わず、ひたすら金剛不壊（堅固で壊れないダイヤモンドのような）の信心ばかりにて、仏恩の深さ、師主のご恩を謝するために、ただ仏のみ名を称えるばかりで、時を定めた日課とはしていません。このような仕方は間違いでございましょうか。私にとって生涯の一大事なのです。されば、よくよく細かくお教えをいただきたいと、いささか思うところを記して申しあげます。

さて、思えば、京に久しくおりましたのに、あわただしいばかりで、心静かにすごせなかったことが歎かれます。こんどは、わざわざ何かことを設けてどうしても上洛して、心静かに、せめても五日はお傍にいたいと願っています。ああ、こうまで申しますのも、ご恩の力によるところでございます。

聖人の御ところへ進上申し上げます。蓮位御房、よしなにお取り継ぎいただきたい。

十月十日　　慶信たてまつる（花押）

追って申し上げます。

念仏を称える人々のなかに、南無阿弥陀仏と称えてすきの合間に、無碍光如来と称えておられる人もあります。これを聞いて、ある人の申しますには、南無阿弥陀仏と称えた上に、さらに帰命尽十方無碍光如来と称えますことは懼りあることでさえありますし、わざとらしい、と申します。こうしたことは、どういうものでありましょうか。

親鸞聖人の御返書

南無阿弥陀仏を称えてのうえに、無碍光仏（さえぎられない光の仏、阿弥陀仏）と申すのは善くないことだということこそ、たいへんな間違いだと思われる。帰命（阿弥陀仏の教えに敬順する）というは南無（まごころを込めて仏や三宝に帰順して信を捧げること）である。無碍光仏は光明であり、智慧である。その智慧がすなわち阿弥陀仏である。阿弥陀仏の真相を知らないだろうから、その真相をはっきりと知らせようと、世親菩薩がお力をつくしてお説きになったことである。そのほかには、少々、文字を直しておきました。

この書簡は、門弟である慶信が京都に在住の親鸞聖人に差しあげたお手紙である。それに親鸞聖人が手を加え文字を訂正、削除、補足し慶信の追伸文に対しその余白に返事を書いて返信としたもので「勘返状」といい、来書の行間に返事をしたためて返す書状である。親鸞聖人の御消息（お手紙）にあって唯一の勘返状といえよう。

聖人が「信心喜ぶ人は如来に等しい」と説かれたことについて、同行のあいだに異論が生じた。晩年の親鸞聖人が特に力を入れ説かれた教えである。

「如来と等しとは、真言宗の即身成仏と同じではないか」と同行たちは疑問をもったらしい。不安があったので聖人の教義的なご教示を望んだのであろう。

信心喜ぶ人、それは如来の一念往生（平生に一声でも念仏すれば必ず往生することができる）の廻向（阿弥陀仏が衆生を浄土に差し向ける働き）を喜ぶ心である。「一念にて往生定まりて」と聖人が自筆訂正せられた文意であろう。

廻向論であるといえよう。廻向（pariṇāma、梵語）は、阿弥陀如来がその徳を衆生にめぐらし施して救いの働きをさし向けることであり、回向とも書く。「真言宗の即身成仏と同じではないか」と如来等同について質問しているが、凡夫といえども現世に悟りを開いて覚者（ブッダ）となり得る、現在のこの肉身のままで悟りを開くという即身成仏の思想は一般によく知られていて、そこで質問になったようである。

往相廻向（往生浄土のすがた）および還相廻向（還来浄土のすがた）はともに阿弥陀仏から衆生に対する他力の廻向であると、親鸞聖人は二廻向を語る。

『大乗義章』（浄影寺慧遠）には三種廻向を語る。

㈠菩提廻向……自分の善行を、悟りを得るために差し向ける。自己の功徳をめぐらして菩提を求めること。

㈡衆生廻向……人を利益のために差し向ける。自己の功徳をめぐらして一切衆生に与えようと願うこと。

㈢実際廻向……無常なものを厭い真実の法を求めるために平等の真如そのものに差し向ける。自己の功徳をもって究極の真理を求めること。

自分の修めた善行・功徳を一切衆生の悟りのために差し向けることを一般に廻向という。回向には自力廻向と他力廻向があり、親鸞聖人は他力廻向の説にて、如来の救済の働きの絶対性を強調し、曇鸞の『浄土論註』の説にもとづいて往相廻向、還相廻向の二種廻向を浄土門の廻向として説いた。

往相廻向は、自分の功徳を衆生に廻施してともに阿弥陀仏の浄土に往生しようと願うこと、つまり往生浄土のすがたである。還相廻向は、いったん浄土に生まれて後、さらにこの世すなわち穢土還来のすがたであることは、前述したとおりである。

この還相廻向は、自力での廻向ではなく、親鸞聖人は、阿弥陀仏が転じ向かわしめる、阿弥陀仏が衆生を浄土へさし向ける阿弥陀の本願力のしからしむる他力であると他力廻向を語る。他力というは「如来の本願力なり」と、如来の本願力廻向（阿弥陀仏が本願力によって浄土に往生する働きを衆生にめぐらし与える本願他力）を説く。他力念仏の行は自力廻向の行ではないから、行者にとっては「不廻向の行」である。如来より賜りたる信心、仏から衆生にさしむけられたもの、弥陀の本願力による仏の導きであると語る。ここに親鸞聖人の他力廻向論（本願力廻向論）があろう。

慶信は『門侶交名牒』に見られる聖人の直弟子である。覚信（父）とともに親子で聖人の熱心な門弟となっていたようである。上洛に際し、父覚信を伴った。箱根の山越えもあり、関東から京都への上洛の陸路はけわしい。末尾のところで、京都に長く滞在していたのに、多忙のなかに過ぎてしまい、心静かに親鸞聖人にお目にかかる機会の逃してしまった、と歎く。

思うに慶信は、京都大番役として三月から六カ月ほど京都に勤務した鎌倉幕府の御家人ではなかったか。父が京都で発病、病気になった父を京都に残しての帰郷であった。覚信の病状はその後いったんよくなったかに見えた。康元二（一二五七）年には『西方指南抄』を書写したり、京都で信仰生活を送っていたが、病気がやがて再発し、正嘉二（一二五八）年に入寂している。

この御消息（お手紙）にそえて慶信のもとへ届けられた蓮位の書簡（「蓮位添状」）がある。

〈蓮位添状〉

このお手紙の内容を詳しく申し上げましたところ、まったくこの手紙の趣意に間違いはない、とおおせられました。ただし、「ただ一声の念仏によって浄土に往生が定まる誓願不思議と心得ました」とおおせられたことについて、「およそよいようではあるが、ただ一声の念仏にとどまるところはよろしくない」ということで、お手紙のそのところの傍に聖人みずからその由をお書き入れになりました。わたくし蓮位に「このように書き入れをなさい」とおおせをいただきましたけれども、ご自筆は強い証拠になる、と思われましたので、ちょうど咳の出る病をわずらっておられましたが、聖人にお書き添え下さるようお願い申し上げたのです。

また上洛になった人々が、郷里で論じ合っていることであるといって、あるいは「弥勒と等しい」ということを申す人々があるよしを申しましたから、聖人がすでに筆を執っていらしたものがありましたので、記されたものを差し上げました。ご覧になって下さい。

また弥勒と等しいということは、弥勒は仏となることを約束された等覚の分際で、これは悟りへと向かって行く因位の分際であります。これは、月は十四日か十五日で円く満ちますが、すでに八日か九日の、月のまだ円く満たないほどのところをいいます。これは自力修行の姿でありますが、われらは愚かな者ではありますが、真実の信心が定まった凡夫で、その位は浄土に生まれる身と定まった正定聚の位にあります。これも悟りへと向かって行く因位で、仏となることの約束された分際であります。しかし、かの弥勒菩薩は自力であり、われわれは仏のお力をいただいた他力であります。ここに自力と他力との相違こそありますけれども、悟りに向かって行く因位の位は等しいというのであります。また弥勒の真実の仏としての悟りは遅く、われらが真実の悟り、滅度にいたることは速やかなのであります。かれは五十六億七千万年の暁を期し、これは竹膜を距てるほど僅かな時であります。かれは、悟りの道を進む速度に緩やかなものと速やかなものとを分ける漸頓のなかでは速やかな方、頓ですが、これはその速やかな頓のなかのもっとも速やかな頓であります。

「滅度」というのは妙覚（仏の不可思議な無上の悟り、真実の悟り）ということであります。曇鸞大師の『往生論註』には、「好堅樹という木があります。この木は地下に百年間うもれていて、芽を出して生長する時は一日に百丈も生長するのです」とあります。この木が地下に百年うもれているというのは、われらがこの世の娑婆世界（苦悩を堪え忍ばねばならぬ現実の世界）にあって浄土に生まれる正定聚に住する分際であり、一日に百丈も生長するというのは真実の悟り、滅度にいたる分際であります。このお話は喩え話なのであります。これは他力の姿であります。松の生長するのは年毎わずか寸にすぎず、これは遅く自力修行する者の姿であります。

また「如来と等しい」ということは、煩悩にまとわれ切った愚かな凡人が、仏の心光に照らされて、信心を得て歓喜し、信心歓喜するゆえに浄土に生まれる者である正定聚の数に住します。信心というのは智慧であります。この智慧は仏のお慈悲である光明に救いとられ摂取せられるゆえに得るところの智慧であります。仏の光明は智慧であります。だから信心を得て歓喜する人は如来と同じであるというのです。同じというのは、信心を等しくしているということです。歓喜地というのは、信心を歓喜することです。そこに至り得た歓喜地の人は自分の信心を喜びますゆえに、同じであるというのです。くわしく聖人が書き記されたものを書き写して差し上げました。

また南無阿弥陀仏と申し、また無碍光如来と称えることに対するご不審も、くわしく自筆のお手紙の文字の側にお記しになりました。でありますから、お手紙をそのまま差し上げます。あるいは阿弥陀といい、あるいは無碍光と申して、その御名は異なっていますが、意《こころ》は一つであります。阿弥陀というのは梵語《サンスクリット》であり、これは無量寿ともいい、無礙光とも申します。梵語と漢字とでは相違がありますが、心は同じであります。

ところで覚信房のことは殊に哀れにも思え、また尊くも思われます。その理由は、信心をあやまることなく、亡くなられたからです。またたびたび、信心のご理解はどのようでありますかと申しましたところ、その当時までは、違うこともなく、いよいよ信心の持ちようは強くなったように思われる、とのことでした。上洛の途次、郷里《くに》を出発して、ひといちというところに来ました時、病み出し、同行たちは郷里に帰られてはいかがですかと申しましたけれども、「死ぬほどの病気なら、帰っても死に、ここにとどまっても死ぬでしょう。また病気が治るのでしたら、帰っても治り、とどまっても治るでしょう。同じことなら、聖人のみもとでこそ、死にたいと思って参ったのです」とのお話でした。このご信心は誠にすばらしく、めでたくも思われました。善導和尚の註釈にある二河白道の喩え※に思い合わせられて、とてもめでたく思われ、うらやましくもあります。臨終の時、南無阿弥陀仏、南無無碍光如来、南無不可思議光如来と称えられて、手を組んで、静かに入寂し息を引き取られました。また後になり先になりして死んで行くためしは、哀れに悲しくお思いになりましょうが、先立って真実の悟り（滅度）にいたったときには、かならずまず最初にこの世の人々をお浄土に導こうとの誓いを起こして、縁《ゆかり》のある者、身内の者、親しい友を導くようになるはずですし、同じ教えの門に入っているわたくし蓮位も、行く先頼もしく思われます。また親となり子となるのも先世の契りと申しますから、頼もしくお思いにならなければなりません。このあわれさ、尊さは筆舌にては尽くしがたいので、筆を止めました。どのようにして、みずからこのことを申しましょうか。くわしいことはまたなお申すことにしましょう。

この手紙の内容を、親鸞聖人のご前で、間違いでもあってはと、読み上げましたところ、「これ以上すぐれたことは書けないでしょう、結構です」とおおせられました。殊に覚信坊のくだりには涙をお流しになりました。とりわけ感慨深くお思いになられたのでありましょう。

十月二十九日　蓮位

慶信御坊へ

※　二河白道は、浄土往生を願う者が入信して往生にいたるまでの過程を貪・瞋二河の譬喩として示したものである。群賊・悪獣に追われた旅人が東の岸から西の岸へ渡ろうとする。右手には濁流が渦巻き、左手には火炎が燃え盛る。十センチばかりの白い道があるのみである。恐れおののいて引き返すこともできない。その時、「この白道を行け」という声が聞こえ、西の岸から「この道を来たれ」という声が聞こえる。旅人は意を決して白道に一歩を踏み出し、ついに彼の岸にいたる。白道とは往生を願う心を指し、東方よりすすめるのは釈尊の説法、西方より招くのは阿弥陀仏の本願である。『観無量寿経疏』散善義にある。

第五書簡　高田の入道宛の御返事

閏十月一日のお手紙、たしかに拝見しました。覚念房のことは、あれこれと感慨深く思っております。お浄土へはわたしが先に参るでしょうから、お待ちしているつもりでいましたのに、彼が先立たれましたことは、申す言葉もありません。覚信坊も去年先立ちましたので、きっと待っていてくれるでしょう。必ず浄土で出会うでしょうから、念にはおよびますまい。覚念房の申されていたことは、わたしの考えと少しも変わりはありませんでした。きっと二人は同じところでまいり逢うことでしょう。

明年の十月ごろまで生きておりますれば、この世でお会いできること、疑いありません。入道殿のお心も、わたしと少しも変わりがないのですから、わたしが先立って往生の素懐をとげましても、浄土でお待ちしておりましょう。

そちらの人々の御こころざし、たしかに頂戴いたしました。命があります限りは、またいろいろとお手紙を申し上げます。そちらからもお便り下さいませ。いただきましたこのお手紙は、しみじみと思うところがあり、言葉につくすことができません。
またまた追って申し上げます。あなかしこ。
閏十月二十九日　　　親鸞（花押）
たかだの入道殿御返事

高田の入道殿へのお返事である。聖人から書簡をたまわった覚信房の死去が述べられていることから、この文面は、親鸞聖人八十七歳の正元元（一二五九）年十月二十九日の作であることがわかる。

高田の入道は、覚念房が死去したことを報ずるとともに、同信同行の人たちの懇志を京都に暮らす親鸞聖人のもとへ送った。聖人は前年に自分のもとで報恩の念仏を称え往生の素懐を遂げた覚信房のことを思い出し号泣した。

先立った覚念（覚然）、覚信、ともども、倶会一処の歓喜を記した返事とされている。倶会一処という思想は、浄土教の信仰者がみな、浄土という同一処において会いまみえることができる、阿弥陀仏の浄土に往生して、浄土の人々とともに一処に会合するという意味の宗教意識の高まりにおいて大切な思想であり、今日とて使用される仏教語である。阿弥陀仏の浄土に往生して浄土の人々とともに常に一処に会同する。いつも一緒、どこまでも一緒、また一処で会えるとする、ともにあるという思想である。

高田の入道、覚念（覚然）、覚信は同信の人々であり、信仰をともにし、親しく交流していた。

高田の入道は、下野国司で真岡の城主であった。子供がいないため、国司職、家督を弟の国春（真仏の父）・国行に譲り、下野宮村高田に居住していた。親鸞聖人の宗教的人格に帰依し、宮村の地に草庵を建てて、親鸞聖人を招いたといわれる。この草庵に善光寺如来の分身を安置したのが高田専修寺の始まりであり、一二五九年の高田入道宛親鸞聖人書状の文中に見える覚念（覚然）、覚信とともに、高田門徒の中心的存在であった。

高田の入道は、鎌倉幕府御家人として下野国高田あたりに勢力を張る武士であったと見られる。死を悼まれる覚念は高田門弟であったと推察され、『親鸞聖人門侶交名牒』には、顕智門下としての覚念の名が見える。

顕智（一二二六〜一三一〇）は親鸞聖人面授の弟子である。比叡山では賢順と名乗り、後に真仏の教えを受け顕智と改名、真仏の女婿と伝えられている。六二年、親鸞聖人の臨終に立ち合い、聖人没後、大谷廟堂の創立経営に尽力した、専修寺三世である。

誰の人生にも夕暮れがあり、晩年があろう。

歳をとりたくないと思う。長寿でありたい。天寿を全うしたいと思う。だが、生きられる時間は予測できない。だからのんびりもしていられる。しかしながら老いていく自分を身近に発見する時、限りある人生もいつか終焉を迎えるであろうことは誰にでも予測できることである。

いつまでも生きていられると夕日の沈む人生を予知せぬ人がいるとしたら、その人は自然の法則を知らぬ人である。人生が明らかになっていない無明の人といえるだろう。

一人息子に先立たれる親は悲しみのどん底に落ちる。人間は悲しみの器であると歎く。独身者や子どもに恵まれぬ人は世継ぎ不在で血脈相続はできない。一体どうしたらよいのだろうかと悩む。

お寺は古くから師から弟子への智慧継承の道を実践し、絶えることのない法脈を伝える。血脈による継承も行われた。有限なる存在における叡智の全てを門弟に託す。母恵信尼公も末娘覚信尼に、親鸞聖人は尋常の父ではなく、観音様の化身であり崇敬すべき宗教的人格であると、訃報の手紙で語る。父親鸞の教えを崇敬する精神の大切さを諭す。

親鸞聖人の教えは他力（Other power）によって後世に継承されていく。自ら悟ってよしとする羅漢道《らかんどう》ではそれは難しい。託された師弟は真実の教えを了解し、吟味研鑽し、自然と他力真実の本願の教えを身につけ宣布していく。

老木が枯れるがごとき人生の終焉、自然法爾《じねんほうに》を理解し、種の論理に基づいて自己の存在が空無となっても他力によって叡智の継承が行われることを覚知し、そして祈る。

聖人が門弟を大切に思い、信仰問答に真摯に答える背景には、自力の限界状況における他力の思想の人生観が存在している。

『末灯鈔』七にも見られる二月二十五日付の「親鸞浄信御返事」までは、お返事の右に「おんがえしのこと」とルビがふられている。

浄信は聖人が京に帰ってからの東国の門弟らしく、七条次郎入道ではないかといわれている。

後鳥羽上皇（時の権力者）の熊野御幸の留守中に別時念仏を行い、院御所の女房を外泊させたことが発覚し、建永二（一二〇七）年三十五歳の時、奈良興福寺の上奏によって念仏は禁制され、師弟ともに御流罪となり、聖人は越後国府に流された。建暦元年、三十九歳にして源空とともに流罪を許され、建保二（一二一四）年、四十九歳のころ妻子を伴い関東に赴き、専修念仏の縁の薄い関東にて民衆に念仏の教えを二十年間宣布することになるが、聖人の民衆教化は関東に移住して以来、本格的活動となった。その足跡は常陸（茨城県）、下野（栃木県）、下総（千葉県）を中心に東国の地を転々とし、その教化は奥州方面にまで及んだ。

地方にあった草庵や小堂に住して集まり来る仏縁ある人々と親しく語り合った。『親鸞聖人門侶交名牒』には直弟として四十四名、聖人に面授した門弟（孫弟）が四名の計四十八名が挙げられている。聖人の書簡や言行録などに現れた確かな門弟にして『交名牒』に名の記載のない門弟が二十余名あり、二十年に及ぶ東国で親鸞聖人の宗教的人格に触れ教えを受けた門弟の総数は七十余名知られている。

『交名牒』には、常陸二十、下野六、奥州五、下総三、会津二、武蔵、遠江、越後および不明一、洛中居住は八名の記載がある。

門弟のなかには地方武士、豪族、農民、商人、下民（社会的地位の低い無教養な下層階級）と色々な人々が存在した。名もなき人もいる一方、著書を残した人もいる。

立派な学僧は見られないとしても、門弟たちは同信同行の人として差別なく親和してともにご法義を究め、毎月決まった日に集合して念仏し、聖徳太子絵伝などの絵解を行い、その信仰を深め、人生の意義を問うた。

帰洛後入門した門弟は数名で、多くは結縁の人々であることから、親鸞聖人の京都での晩年の生活は、人生の集大成としての著述に専念したようである。その間も東国の門弟との交誼は絶えず、書状も四十通近く伝わっている。

門弟の上洛もかなり多く、親鸞聖人も再会が楽しみであったようである。京都の師の許に滞在する人もいて、師弟間は親密であったようである。

第六書簡　浄信への御返事

如来の誓願（衆生を救おうという誓い、阿弥陀仏の四十八願）を信ずる心の定まる時というのは、摂取不捨（念仏する衆生を残らず救済しようとする阿弥陀の慈悲）の利益にあずかるがゆえに、不退の位（仏道修行の過程においてすでに得た悟りや功徳、その地位を退失しない境地）にいたるのだと心得られるがよろしい。真実の信心が定まるというのも、金剛（ダイヤモンドのように堅固な）の信心が定まるというのも、いずれも摂取不捨であるからです。だからこそ、やがて最高の悟りにいたる心がおこると申すのです。これを、不退の位ともいい、正定聚の位に入るともいい、また等正覚（仏に等しい）にいたるともいうのです。十方の諸仏もこの心の定まるのを喜んで、諸仏の心に等しいとほめてくださります。だから、まことの信心の人は、諸仏に等しいといい、また、補処《ふしょ》（仏のあとを補う）の弥勒（現在は浄土で天人のために説法しているが、釈尊の予言によって五十六億七千万年後、この世に下生して龍華樹の下で成仏し三会において説法する約束である）

に同じだというのです。この世で真実の人を護ってくださるのだから、『阿弥陀経』にも、「十方の数限りない仏たちが護りたもう」と申しているのです。安楽浄土へ往生してから護ってくださるのではなく、この世界にいるあいだに護ってくださるというのです。信心のまことなる人の心は、十方の数限りない如来たちもたたえるのだから、仏と等しいと申すのです。

また、他力ということは、義なきを義とするというのです。義というのは、行者のおのおのがはからうことをいうのです。如来の誓願は不可思議のことであるから、仏と仏とのあいだのはからいであり、凡夫のはからい得るところではありません。補処の弥勒菩薩をはじめとして、仏智の不思議をはかり知ることができる人はないのです。だから、「如来の誓願については義なきを義とす」と、大師聖人（法然）のおおせでありました。この心のほかには、往生にはすべて無用のことと心得てゆけば、人のいうことには関わらないことです。諸事恐々謹言。

親鸞（花押）

この親鸞聖人の浄信御房お返事には、聖人の宗教的実存とその信仰が語られている。

「まことの信心の人」信仰心について

真実信心の人とは「安楽浄土に往生して後はまもり賜ふと申すことにては候はず」とある。念仏の行者は、臨終の際、阿弥陀三尊が二十五人の菩薩とともに白雲に乗りその死者を迎えに来て極楽に引き取るといわれている。しかし、ここで聖人が語るのは、臨終して後の往生ではなく、この娑婆世界にて親が子を想うがごとく守る、形に影が添うがごとく守る阿弥陀如来の慈悲心である。

現世における仏の加被力（接受する威神力）を浄信に語り、現世で正しく浄土に生まれる往生観を語る。

「信心の人はその心つねに浄土に居す」（『末灯鈔』）。肉体の死によって往生する体失往生、来迎往生ではなく、「信の一念」において現生に正定聚に住する即得往生（この生が終わると、ただちに阿弥陀仏の極楽に生まれる）である。

「如来の誓願を信ずる心の定まる時というのは、摂取不捨の利益にあずかるがゆえに、不退の位にいたるのだと心得られるがよろしい」。親鸞聖人の教化の基本思想の一つに現生正定聚の教示があろう。願生者の現生におけるご利益《りやく》、正定聚である。臨終来迎（阿弥陀仏や諸菩薩が臨終の床に現れて浄土に迎え入れること）待つことなし、来迎を頼むことなし。

信心の定まる時に往生は定まるなり。臨終来迎が関東門徒間の意識から払拭しきれず正定聚の度重なる教示が門徒間になされたことが伺える。

如来の誓願とは阿弥陀如来の誓願である。阿弥陀仏が法蔵菩薩として世自在王仏のもとで修行していた時、四十八願をたててこれを成就したとされる。その願いを誓願《せいがん》、本願《ほんがん》などというが、菩薩が自らの悟りの完成と衆生救済の決意を誓い願ったのが「誓願」である。阿弥陀仏の浄土はこの誓願が成し遂げられ具足している世界である。

阿弥陀仏の本願（根本的な願い）を信ずる心の定まる時、摂取不捨の宗教的利益にあずかる。念仏する衆生を残らず救済しようとする阿弥陀仏の慈悲（親心）により救いにあずかる。その救済の約束を信ずること、それが「不退の位」「正定聚の位」に定まった宗教的実存である。最高至上の悟りを得た人を諸仏と等しいと誉め、救済の構想を展開する。この世での救済の論理である。

通常私たちは、なすことに対して疲れて嫌になることがあろう。人生の目標に向かっている。しかし誘惑に負け、精進を怠ることがある。夢は叶うものである。夢が叶わぬのは努力が足りないからである。努力が最大の味方であるのに、努力を怠り転落の人生を歩む。修行して得た地位を失い、もとの下位に転落する。そして衰えすたれる。物事を中断し中途で絶え中途でやめる。このような状態では繁栄もなく人生の道標に到達することはないであろう。なぜなら進んだ境地から退く、到達した境地から退くからである。

親鸞聖人は大切な智慧（人生で最も大切な修行の根本精神、人生の心構え）を門弟に語る。それが「正定聚不退の位」である。不退転の決意などで私たちが知るとおり、不退転とは、疲れて嫌にならないこと、疲倦がないこと、もとへ退くことがない精神である。いつかは完全に悟り、念願は成就し、念じた花が開花する。正定聚の位の人は、悟りまで退転なく進んでやまぬ決定的な人たちである。

阿弥陀仏を信じて疑わなければこの世（現生）で正定聚に住する、正しく救われると救済の構造を示す。金剛心（真実信心）を獲得《ぎゃくとく》すれば必ずこの世で現生正定聚に住すると説き、まさしく定まるともがらは、必ず仏になるべき身、往生すべき身と定まった者である。この不退の位を等覚《とうかく》、等正覚《とうしょうがく》、如来等同《にょらいとうどう》（如来と等しい）と誉め讃える。

この大切な人生を酔生夢死《すいせいむし》に終わるわけにはいかない。夢、希望をもって一意専心、夢を叶える、夢のある人生行路を進むことを諭す。夢多き人生行路には希望があり生き甲斐、充実感、喜びがあろう。夢が叶えられる人生にあって物事を中途で投げ出さず、最後までやり遂げる。そこに喜びがある。その喜びをもつことは人として何よりも大切であるという。

不退転位の決意をもって初心を貫徹する人生行路こそ、自然の摂理に相応した人生である。芽生えの時から桃と栗は三年、柿は八年経てば実を結ぶが、そのごとく念願成就の道が存在する。念ずれば花開く。骨なし人間でなく、信仰心、信念を持ち貫き生きる人間の姿勢、その心得を面授の門弟浄信御房に手紙にて語る。

義なきを義とす

聖人の著述に繰り返し登場する有名な教義である。

「義と云ふははからふことばなり、行者のはからひは自力なれば、義と云ふ」（『末灯鈔』）。

義には道理、解釈、関係、人の道などの意味もあるが、ここにおける義とは分別、はからいを意味する。「すべて行者のはからひなきをもちて、このゆゑに他力には義なきを義とすとしるべきなり」（『正像末和讃』）。はからいは「行者のはからいは自力であるから義というのである」と第一書簡にあるとおりである。

自己の存在を固定し肯定的に主張する「自己措定」を私たちはよく行う。自見に執着する。判断や主張を提出する定立である。自らの見解に執着し、強く心をひかれ、それにとられ、深く思い込んで忘れられない執拗な執着心を持つ。自己主張に明け暮れ、蝸牛《かたつむり》のごとく自分の殻に閉じ籠り、自分の器の中で思い悩む。ああでもないこうでもないかと悩み、そして苦しむ。自分の計らい尺度で物事を測りよしあしを判断する。それを宗教的用語では「自力のはからい」という。その自分の善し悪しの判断、その思いは主我性であり無効であるとする。

義なきを義とす、とは、行者のはからいのなきをもちて「義とす」(本義)とする。自然には法則がある。人間の計測や自分の思量分別を超えた自然の法則(自然法爾)、自然のありのままの姿がそこには存在する。

「如来の誓願には、義なきを義とす」と法然上人はおおせになった。こう浄信御房に返事を出している。ここには親鸞聖人の長き人生を克服した人生哲学が門弟に向かって語られ、知識とは違う信仰の真髄が語られる。

第七書簡　王御前　覚信尼宛の手紙

弥女《いやおんな》のことについて、お手紙をいただきました。彼女はまだ居所も定まらず、貧しい暮らしをしているのです。かわいそうでしかたがないけれども、私の力ではどうしようもないでいるのです。あなかしこ。

三月二十八日　（花　押）

……………………（切封じ）

王御前　しんらん

王御前宛ての手紙である。弥女は下人のことと思われる。下人の譲渡が許されて、身代金を出して買い取るという社会風習が行われていた時代であった。

花押を書いた親鸞聖人の立場および弥女と親鸞聖人との関係がどのようなものであったか諸説がある。

一、親鸞の末子覚信尼ではないか
一、覚信尼とは別人で、以前親鸞聖人や覚信尼の下人であったのではないか
一、この手紙は親鸞聖人の筆ではないのではないか

弥女は覚信尼ではなく、覚信尼は弥女のことを頼まれた王御前その人であり、親鸞聖人の下人ではなかったかと考えられる。

下人は主人に朝夕召し使われる隷属民である。土地を給付されることはなく、相続・譲渡の対象であった。その実態は多様で色々な階層・職能にわたっており、ご恩と奉公の関係によって強い結びつきをもっていた。

中世の下人（隷属民）は領主支配下の平民身分であった。百姓は年貢所当の未納がなければ去留は自由、独立した人格をもち特定の領主に人身拘束されることはない身分である。しかし下人は特定の領主に拘束され、去留の自由はなく売買・譲渡の対象であった。

全く財産をもたず身一つの者、家族財産をもつ下人と多種多様で、下人としての身分は奴隷説、農奴説などの諸説がある。奴隷説は人間としての権利、自由を認められず、他人の支配下にてもろもろの労務に服し、かつ売買・譲渡の目的とされる人であるとする。古代の奴婢《ぬひ》も奴隷であろう。

農奴説は、一生領主に隷属し領主から貸与された土地を耕作し、領主への賦役・貢租の義務を負う農民である。逃亡・転住転業などは厳禁、身分的には強い束縛を受けていた。封建社会の生産労働の基本であった。

ここに登場する下人とは士農工商の身分としての農民ではなく、売買・譲渡の対象であった隷属民であることが、この手紙より読み取れるであろう。

第八書簡　しのぶの御房への御返事

摂取不捨のこと

おたずねの摂取不捨のことは、『般舟三昧行道往生讃』という経に説かれてあるのを見ると、「釈迦如来と阿弥陀仏とはわれらの慈悲の父と母であって、いろいろな方便をもってわれらが無上の信心を発起せしめたもうのである」とありますから、まことの信心が定まるというのは、釈迦・弥陀の御はからいであります。往生の心が疑いなくなるのは、摂取（おさめとる）していただくがゆえであると見えています。摂取していただいたうえは、もはやあれこれと行者のはからいがあってはなりません。浄土へ往生するまでは、もはや退転のうれいもないのだから、正定聚の位と名づけているのです。まことの信心を、釈迦・弥陀二尊の御はからいをもって発起せしめたのだということでありますから、信心の定まるということは、摂取にあずかる時のことでありましょう。その後は正定聚の位にあって、やがて本当に浄土に生まれるのだと見えて

います。ともあれ、行者のはからいは、いささかも差し挿んではならないのですから、
他力とは申すのであります。あなかしこ。あなかしこ。

十月六日　　　　　　　　　　　　　　　親鸞（花押）

しのぶの御房　御返事

摂取不捨についての「しのぶの御房」の質疑へのお返事である。摂取不捨について質問され、親鸞聖人はお返事を書いたと思われる。

仏が慈悲の光明ですべての衆生（生きとし生ける命あるもの）を受け入れて救いとって捨てないというのが摂取である。師法然上人が重視した『観無量寿経』は、念仏する衆生を残らず救済しようとする阿弥陀仏の慈悲についての語らいである。

大乗仏教の大乗とは「大きな乗り物」を意味するであろう。乗り物とは仏教の教義体系を示しており、此岸（迷いの世界）から彼岸（悟りの世界）へ人々を運ぶ働きを持つことに喩えられる。大乗とは偉大で勝れた教えを意味する。

慈悲は万人に対する愛である。慈（衆生に楽を与える）と悲（衆生の苦を抜く）、つまり抜苦与楽（与楽を慈といい、抜苦を悲という）は仏の大慈大悲である。すべての人々に友情を持

つことが慈であり、悲しい気持ちをともにすることが悲である。慈（与楽）は父の愛に喩えられ、悲（抜苦）は母の愛に喩えられる。優しい心、愛情であろう。

愛は親兄弟がいつくしみ合う心であり、広くは人間や生物への思いやりである。男女間の愛情、恋愛、愛敬《あいきょう》、愛想《あいそう》の愛はよく知られている。しかしながら仏教でいう愛は、愛欲、愛着、渇愛の響きをもつ言葉であり、深く妻子などを愛する愛欲、異性に対する性愛、欲望を意味する。すなわち人間は凡夫、つまり煩悩を持つ存在者である。欲望にとらわれて執着する愛着もあろう。無常を免れぬことを悟らず、苦の多い人間世界に執着し、若い時は皆、愛着生死の境遇を体験することであろう。

仏はそのようなありさまを救おうと常に慈悲心を放ち照護（仏が衆生を光明のなかにおさめとって護る）しているが、当の本人は気づかず愛情にひかれて思い切れない生身の人間として苦悩している。失恋でリストカットしたり自殺する人もいるほど辛い体験のようである。

慈悲の心は親が子どもを思うがごとく本質的に深い愛情であり憎しみは全く見られない。憎いと思う心は全くない。特に孫は理屈なしでかわいい。このようなやさしい思いやりの心が慈悲心であろう。

親心がわかると信仰心の覚醒と結びつくであろう。子を持って知る親の恩、私たちは親によって育てられ養育のご恩のなかに大人になった。

阿弥陀如来は諸人を差別なく照護し、摂取不捨のご利益救済にあずけしめたもう。真実の信心を得た人は、阿弥陀仏の心に救い取られ捨てられないので正定聚の位に住する。臨終を待つ必要はない。来迎を頼むことも不要である。信心の定まる時に往生も定まるので、来迎のお迎えの儀式を待たない。現生不退位の摂取不捨を説く。

摂取していただく上は、もはやあれこれと行者のはからいがあってはならない。行者のはからいは、いささかも差し挿んではならない。意味がない。凡夫のはからい（注意深く考えたり思ったり思いめぐらす考えや思慮分別）は不要である。私たちは理性で物事の善悪、道理を区別し思案をめぐらす。世間的な経験、識見などから判断し思慮し、分別顔をすることが多い。成人して物事の道理が最もよくわかる年頃に分別盛になる。心は外界を思いはかり分別臭い、いかにも思慮がありそうな顔つきになる。しかしそのような個人の分別はいささかも差し挿んではならない。

釈迦・弥陀の御はからいであると摂取不捨についてしのぶの御房に語る。あらゆる存在のありのままの姿、真の姿は衆生の判断や迷妄を超えている。ほかからの力が加えられることなく、一切の存在はおのずから真理にかなっていて凡夫のはからいを超えている。

自分ではげみ念仏の功徳で往生しようとする自力念仏ではなく、救済に対する感謝の気持ちから称える他力念仏、弥陀の本願力のお蔭であると信知する。自分の手柄であると思うなと凡夫の思慮分別をいましめている。

信心定まる時、摂取不捨のご利益にあずけしめたもうなりとの現世での救いがこの手紙の内容となっているであろう。いってみれば、親鸞思想の三番目の自力無効・他力なる基本思想といえるだろう。

第九書簡　浄信房への御返事

尋ねおおせられたことは、かえすがえすもご立派であります。まことの信心を得た人は、すでに仏となられる身となっているのですから、「如来と等しい人だ」と『経』に説かれているのです。弥勒はまだ仏になっていないけれども、この次にはかならず仏になれるのですから、弥勒をすでに弥勒仏と申します。そのように、まことの信心を得た人を如来に等しいとおおせられたのです。また、承信房が弥勒に等しいと申されるのも、間違いではないけれども、他力によって得た信を喜ぶ心は如来に等しいというのを、自力なりと申されるのは、いま少し、承信房の心底におよばぬところがあるように思われます。よくよくお考えになってみられるがよいでしょう。自力の心でわが身は如来と等しいと申したならば、まことによからぬことでありましょう。他力の信心のゆえに浄信房が喜んでおられるのが、どうして自力でありましょうか。よくよくお考えなさるがよろしい。そのへんのことはこの人々にくわしく申しておきました。承信の御房に聞いてごらんになるがよろしい。あなかしこ。

十月二十一日　　　　　　　　親　鸞

浄信御房　御返事

親鸞聖人は多くの御消息に真実信心の人を如来と等しいと述べられ、「弥勒等同、如来等同」と教示されている。念仏の人は弥勒のごとく仏になる。まことに信心をえた人は如来に等しいと、如来との等同関係が述べられている。

関東の門弟のなかに異議があり、異議教誡すべき異端思想があったようである。如来等同は、真言流あるいは天台流即身成仏と誤解されやすい。凡夫といえども現世に悟りをひらいて覚者（ブッダ）になりうる。現在の肉体のままで悟りをひらくというのが即身成仏思想である。これを現身成仏、現生成仏ともいう。天台宗および真言宗の教えが関東に流布しており、その教義的理解に傾いたものであったと思われる。それは自分の修行によって悟りを得ようとする、旧仏教の思想である。

そこで「他力によって得た信を喜ぶ心は如来に等しいというのを、自力なりと申す」という浄信房の如来等同説に、承信房の心底におよばぬところがあるように思われます。よくよくお考えになってみられるがよいでしょう。自力の心でわが身は如来とひとしいと申したならばそれは天台・真言の即身成仏の信仰であり「他力の信心」ではないと、承信の如来等同説に異議を唱え、如来等同説は自力の信仰である、弥勒等同でなければならないと主張したことが伺える。天台・真言流に偏しているとの批判である。

親鸞聖人は「自力の心でわが身は如来と等しいと説くのは誤りであるが、他力の信心、如来の廻向によりたまわりたる信心を喜んでいる浄信房の信仰がどうして自力でありましょうか。よくよくお考えなさるとよろしい」と浄信房の説を退けている。

このお手紙は、如来と等しし、弥勒に等しという宗教的問題についての浄信房の質問に対して答えられた御消息である。承信房と浄信房とのあいだに意見の食い違いがあり、聖人のご教示を仰ぐため浄信房が書面を聖人に差し出した。このころ、下野辺で如来等同・弥勒等同の問題の論議があったと見られる。承信房と浄信房との意見の違いがあった。その信仰問答に対する親鸞聖人の門弟への回答文である。

今日、このような熱心な宗教的課題解決の姿勢は現代人に見られるであろうか。テレビもラジオもない鎌倉時代の人生の喜びを探究する真摯な問答に、誰もが心打たれるに違いない。

右のような意味を持つ門弟へのお手紙であった。それは、親鸞の四番目の基本思想、如来等同説と言えるだろう。

第十書簡　常陸の国の人々へ

……………………（切封じ）　御返事　（花押）

常陸の国のみなさんに、この文《ふみ》をお目にかけなさい。きっと少しも変わってはいません。この文が一番よいのですから、これを国の人々、同じ心の方々にお目にかけるのです。あなかしこ、あなかしこ。

十一月十一日　（花押）

いまごぜんのはは に

第十一書簡

このいまごぜん（今御前）の母は、頼るところもなく、わたしに領地があれば譲ってもやりたいのだが、それもかなわぬことであるから、そちらの人々に、情けをかけてくださるようお願いします。この文を書くのも、常陸の人々を頼みにしているのですから、申し合わせて、みなさんであわれんでいただきたい。どうぞ、この文をご覧願いたい。また即生房も生きるすべもない者ですから、申し聞かすべきようもございません。身体も思うにまかせず、なげかわしいとは、このことであります。即生房にはとくに何ごとも申しません。ただ常陸の人々だけが頼りです。この者どもをあわれんでいただきたい。いとしみ、あわれと思ってやっていただきたい。この文で、みな同じお心もちになっていただけると思います。あなかしこ、あなかしこ。

十一月十一日　　善信（花押）

ひたちの人々の御中へ

…………………………（切封じ）

ひたちの人々の御中へ　　（花押）

第十書簡と第十一書簡は一連のもののようである。

常陸の国の人々へ、いまごぜん（今御前）の母と即生房の生活・生存を支えてもらいたいという趣旨の依頼文である。

いまごぜんとは誰か。いまごぜんの母は親鸞聖人の末娘覚信尼であると赤松俊秀氏は

『鎌倉仏教の研究』『親鸞』で推測されたが判然としない。即生房は親鸞聖人の息子であり常陸の国で病死したと推論されている。これも諸説があり確かではない。血縁の人でいまごぜんの母の子ではないか。王御前、すなわち聖人の末娘の覚信尼ではないかという推定説が有力である。原本は著しく文字が乱れ文章にも乱れが見られる。病中に無理して書かれたものとお見受けする。

この二通が臨終に近いころに書かれたとすれば、言わば「遺言状」の色彩が濃いと思われる。いまごぜんの母をいとおしんで世話をしてやって下さい。このように常陸の人々を頼み申し上げます。この趣を人々にも申しおいてあわれと思い合っていただきたい。生活してゆくべき道もありませんから、今後どうせよと言い遺す方法もありません。わが身の自由がきかず情ないことにいまごぜんの母、即生房を面倒見ることもできないことであります。

常陸の人々よ、この者どもをいとおしく、あわれにお思いになって下さい。常陸の人々の御中へ手紙の最後に親鸞の花押がある。

あとがき

道徳が衰え人情の浮薄となった現代社会は、末法の世という歴史認識の重要性とともに、二十一世紀の今日は少子高齢社会であり、高齢者が多く見られる長寿社会である。人生五十年の人生設計の時代から九十歳、百歳以上の人も大勢生存する社会生活になり、有り難い世となった。

しかしながら、皮肉にも国民病といわれる成人病で寿命を奪われる人も多くなり、またうつ病や統合失調症を始めとした心病む人も増加している。ぽっくり天寿を全うできたらと願うが、認知症に悩む人も存在している。

釈尊が、生まれ、老い、患い、死を迎えるという生老病死の人生構造を諭したように、若かった人たちも年相応に老い、顔の表情も自然と年輪を増やしている。物忘れも起き、体力も腕力も若い時と違って弱り、老化現象も見られるであろう。

「人生七十、古稀まれなり」。その古稀を筆者も迎え、いつしか高齢者の仲間入りを果たした。お蔭さまで子どもたちも大人に成長し、孫たちもそれぞれ頑張っている。「孫は子よりもかわいい」との格言どおり、祖父母は孫をかわいがり、皆幸福感に浸《ひた》る。

子どもは親の背中を見て育つというが、確実に団塊の世代より、子どもたち、孫たちに世代を継承する時を迎えている。人生の終焉を免れることのできない高齢者たちは、孫・子に大切な人生の叡智を伝えねばならぬ状況にあろう。誰にとっても生きられる時間は限られているからである。

父母の時代はお寺を大切にし、皆が笑顔で参詣し幸せであったが、子供や孫の世代に次第に信仰心も薄れて心不在の即物的な家庭も見られるとするならば、末世、季世（季は末の意）、豊かな心を失った澆季ではないか。軽薄な末の世を悲歎述懐することになろう。

今執筆を終えて親鸞聖人に学ぶ高齢者の生き方、その智慧として、「創造的努力と意欲」、すなわち積極的に何かをしようという気持ち、種々の動機のなかから一つを選択し目標とする能動的意志活動の重要性に覚醒する。

皆の願いがかなう、皆の希望をかなえる阿弥陀如来の願いという教え、その智慧を信のない人に教えて信知させる「教人信」、人それぞれの素質に適した仕方で教え導く教導論が「今なすこと」の大切な哲学的叡智、宗教的覚醒となり心に響く。

毎日が日曜日の酔生夢死の人生行路も存在するが、道を伝え弘める伝道は、釈尊が初めて鹿野苑において説法をした八月八日の転法輪日に思いをはせる。輪を回して車を前進させるように心が教えの輪（dharma-cakra）を転ずることに始まる。輪はインド古代の戦闘に用いられた武器のことで、戦車が回転して敵を破砕するように、仏の説かれた教えがすべての人々のあいだを回転して迷いを破砕するのが転法輪、教えを説くことである。

ブッダの最初の説法を「初転法輪」というが、もしブッダが説法せられなかったら、仏教はブッダ一人のものとして終わってしまい、地上にその姿をとどめることはなかったと思われる。

成道後の数週間、ほかの者にこの法を説こうとせず、自受用法楽、ただひたすら証った法の楽しみのなかにひたっておられた。その後「梵天勧請」を受けられて説法を決心されたという。

もしブッダに説法がなかったら「自《じ》覚《かく》覚《かく》他《た》覚《かく》行《ぎょう》窮《ぐう》満《まん》」（自ら悟り他を悟らせしめる菩薩の仏道修行を究め満たす）の仏として人々の尊敬を受けることもなく、われわれが仏教に遭う機会もまた永遠に消え失せてしまったはずである。この「対機説法」の伝道活動の生涯の姿勢は重要であろう。

正伝の仏教の禅では「不立文字教外別伝」（言葉や文字に頼る教説の外に、別に心から心に伝えられるものがある）という顕著な特色を語る。

以心伝心は、弟子が師匠からの仏法の奥義を伝え受ける嗣法を重視し、正法伝授のしるしとして袈裟を授ける。伝授は、師から弟子に直接口で伝える。法の灯火《ともしび》として法脈を伝える。

浄土宗では、五重相伝を授けて教示する身となるとする。親鸞聖人の「自信教人信」思想は、聖人が人々を導くための教えを述べ、人々に教えを弘める。心にあるものを法といい、法を言葉として発したのを教えという。

教えの本意は何であるか。

教義《きょうぎ》は教えとその内容であるが、『教行信証』の教・行は教えと実践修行であり、教《きょう》・証《しょう》は教え（実践）と論証（悟り）であり、修行・実践によって悟る真理である。教化《きょうけ》は、人を教え、諭し、苦しむ者を案じ、疑う者を信に入らせ、過《あやま》てる人を正しい道に帰せしめる教導・感化であろう。

仏教でいう教化地益《きょうけじやく》は、自ら成仏し終わって人々を教化すべき利他行の境地であり、園林遊戯地門ともいわれる。苦悩している民衆を生死の範囲から救う、還相廻向の徳である。

教えを報じ、集まった人たちの集団に道を伝え弘める伝道、還相廻向であろう。浄土に往生し安心立命を得た菩薩が人々を救うために「利他教化」の働きをすることであろう。仏教の教えを説く堂舎、講堂、転法輪堂が心に浮かぶ。

親鸞聖人の晩年は、一途なるこの「創造的努力と意欲」に魂が注がれていたように思う。念仏聖としての称名報恩、感謝報恩の念仏生活であったが、聖人が『西方指南抄』を座右の書とし、真実の信仰とは何かを確認されたように、子・孫の世代に大切なものが忘れられぬよう、生きる意味の望める充実した人生行路を目指された。私たちも聖人の生涯を貫く聞思の姿勢を貫きたい思いである。

愚禿と名乗る念仏聖・親鸞聖人は、報恩謝徳の道、専修念仏にもっぱら心を注ぎ初志を貫徹する。その信念は揺るがない。神祇不拝の弥陀一仏の信仰、称名報恩の不退転位の姿勢である。

今はその親鸞聖人を崇敬してなお語り尽くせない思いが多々あるが、ただ〳〵感謝報恩の念仏をし、筆を置きたいと思う。

本著誕生のご縁は大学院生時代より親交のある国書刊行会・佐藤今朝夫社長および今野道隆編集ご担当のお力添えのお蔭であり、心から感謝の意を申し上げたい。

一人でも多くの人に本著をお読みいただければこの上もない喜びである。

平成二十五年五月　南無阿弥陀仏　著者識す

参考文献

『重要文化財　親鸞聖人御真筆御消息集』全七巻、解説平松令三、同朋出版、一九八四年
日本仏教思想『親鸞』増谷文雄編、筑摩書房、一九六八年
現代語訳『親鸞全集』第九集『先学』結城令聞監修、講談社、一九七四年
『真宗聖教全書二　宗祖部』大八木興文堂、一九四一年
『親鸞からの手紙』阿満利磨、ちくま学芸文庫、二〇一〇年
『越後の親鸞』武田鏡村、恒文社、一九八六年
『教行信証の成立とその真髄』宮井義雄、春秋社、一九八八年
『顕浄土方便化土文類講讃』佐々木教悟、東本願寺出版部、一九八二年
『序説　顕浄土真実教文類』広瀬杲、東本願寺出版部、一九八五年
『親鸞聖人御消息菅窺』柏原祐泉、東本願寺出版部、一九八七年
『顕浄土真実教文類聞記』寺川俊昭、東本願寺出版、一九九三年

『選擇集全講』石井教道、平楽寺書店、一九九五年
『法然』日本の名著五、塚本善隆責任編集、中央公論社、一九七一年
『法然とその時代』田村圓澄、法藏選書十九、一九八二年
『法然浄土教成立史の研究』吉田清、岩田書院、二〇〇一年
『選択本願念仏集　法然の教え』阿満利磨訳、角川ソフィア文庫、二〇〇一年
『仏教学序説』山口益・横超慧日・安藤俊雄・船橋一哉、平楽寺書店、一九六一年
『法然辞典』藤井正雄他編、東京堂出版、二〇〇七年
『真宗辞典』法藏館、一九九七年
『広説仏教語大辞典』上中下巻、中村元、東京書籍、二〇〇一年

宇野弘之（うの・ひろゆき）

1944年、愛知県生まれ。宗教哲学者。1969年、東洋大学大学院文学研究科修士課程修了、1972年、同大学院博士課程でインド学仏教学を専攻研鑽。

1998年4月、介護福祉士養成校として専門学校「新国際福祉カレッジ」（介護福祉学科）、救急救命士養成校として「国際医療福祉専門学校」（救急救命学科）千葉校を設置し、学校長に就任。2004年4月、千葉校に理学療法学科を設置。2007年4月、石川県七尾市に救急救命士、理学療法士、作業療法士、介護福祉士を養成する国際医療福祉専門学校の七尾校、2011年4月岩手県一関校に救急救命学科を設置し、学校長に就任。

●主な役職

【宗教法人】浄土真宗　霊鷲山　千葉阿弥陀寺住職
【学校法人】〔阿弥陀寺教育学園〕能満幼稚園・ちはら台幼稚園・専門学校新国際福祉カレッジ・国際医療福祉専門学校　各理事長
〔宇野学園〕千原台まきぞの幼稚園・おゆみ野南幼稚園　各理事長
【社会福祉法人うぐいす会】特別養護老人ホーム誉田園・介護老人保健施設コミュニティ広場うぐいす園・ケアハウス誉田園・指定障害者支援施設こころの風元気村・稲毛グループホーム・デイサービスセンターはなみずき・大多喜風の村　各理事長
【社会福祉法人おもいやり福祉会】ちはら台東保育園理事長
【有料老人ホーム】敬老園ロイヤルヴィラ（稲毛・西船橋・八千代台・大網白里・札幌・東京武蔵野・千葉矢作台・千葉城そば）・敬老園サンテール千葉・ナーシングヴィラ（東船橋・浜野・八千代台）　各理事長
【医療法人社団シルヴァーサービス会】介護老人保健施設船橋うぐいす園・デイサービスセンター矢作　各理事長
【霊園】メモリアルパーク千葉東霊園・佐倉メモリアルパーク・船橋メモリアルパーク・市川東霊園・市川聖地霊園・メモリアルパーク市原能満霊苑・桜の郷花見川こてはし霊園・エコパーク四季の森メモリアル　各管理事務局長

●主な著書

『大無量寿経講義』『阿弥陀経講義』『観無量寿経講義』『正信念仏偈講義』『十住毘婆沙論易行品講義』（山喜房佛書林）、『大乗仏教の社会的救済実践とその思想』『大乗仏教の社会的救済とその系譜』『心の風邪治療法』『心の病の人間学』『仏教精神生活療法』『宇宙法則の発見』（阿弥陀寺教育学園出版局）、『孫・子に贈る親鸞聖人の教え』（中外日報社発行、法藏館発売）、『蓮如　北陸伝道の真実』『蓮如の福祉思想』（北國新聞社）、『「心の病」発病メカニズムと治療法の研究』『住職道』『高齢化社会における介護の実際』『親鸞聖人の救済道』『仏教エコフィロソフィ』『無宗教亡国論』『恵信尼公の語る親鸞聖人』（国書刊行会）

晩年《ばんねん》の親鸞聖人《しんらんしょうにん》——高齢者《こうれいしゃ》の生《い》き方《かた》を学《まな》ぶ

2013年8月5日　初版第1刷発行

著　者　宇野　弘之
発行者　佐藤今朝夫

〒174-0056　東京都板橋区志村 1-13-15
発行所　国書刊行会
TEL.03(5970)7421(代表)　FAX.03(5970)7427
http：//www.kokusho.co.jp

印刷　(株)シーフォース
製本　(株)村上製本所
落丁本・乱丁本はお取替いたします。
ISBN978-4-336-05738-9